Lucinda Neall

Como hablar con los adolescentes

Leaping Boy Publications

Traductora: Esther Crespo-Rupérez

Publicado por primera vez como *How to Talk to Teenagers* en 2011 por Leaping Boy Publications

Diseño de la cubierta y composición tipográfica por Deborah Hawkins
Las ilustraciones de la cubierta son de Conor Neall
y Guerrilla Digital Media.

Impreso y distribuido por Lightning Source UK Ltd
Catalogado en la Biblioteca Británica en publicación de datos.

Publicado por Leaping Boy Publications
Correo electrónico: contact@leapingboy.com

www.leapingboy.com

ISBN 978-0-9935947-6-2

Gracias a mis padres

que me prepararon para mi camino

Contenido

Introducción

Este libro está diseñado para que sea un libro de referencia, fácil para todos aquellos que están en contacto con adolescentes. Facilita estrategias y trucos sobre como comunicarse con los adolescentes de forma que se fomente la cooperación y la actitud positiva.

Está lleno de ejemplos sacados de la vida real que se dan en el hogar, en la calle, al aire libre, en clubs sociales, en el deporte y en la escuela. Las pautas que se comentan son adaptables a cualquier entorno.

Cómo utilizar este libro

El libro está dividido en tres partes: la primera parte abarca algunos conceptos básicos sobre como conseguir llevarse bien con los adolescentes; la segunda parte da estrategias específicas para que todos salgan ganando; y la tercera parte se centra en cómo solucionar las cosas cuando van mal, cómo hablar de alcohol, de sexualidad, de las drogas y también habla de la manera de involucrar a los adolescentes en la comunidad local. Hay un resumen de dos páginas en la parte de atrás.

Si tiene tiempo, lea todo el libro de forma rápida para que obtenga una idea general de lo que hay en él. Si no tiene tiempo, mire la Parte I, a continuación, eche un vistazo a lo demás y preste atención a los consejos que aparecen en los cuadros de texto y al resumen de dos páginas.

Cuando tenga un problema específico use la página de contenidos, para buscar la sección que le puede ayudar. Si siente que está teniendo una batalla constante con un adolescente, puede mirar en "Cómo detener las riñas y los gritos" o "Evitar el conflicto y las discusiones". Si alguien tiene falta de confianza en si mismo, lea la sección "Crear y fomentar la autoestima".

Si ha intentado todas las estrategias de la Parte II y todavía no han sido efectivas, mire en la Parte III, que trata de la resolución de problemas.

Puede que usted mismo tenga interés en crear un grupo que se reúna de forma regular y elegir una sección del libro para debatir su contenido en la reunión. Las secciones "Manteniendo los límites" y "Dar feedback" son particularmente útiles para los padres.

El libro también se puede utilizar para dar formación a las personas que trabajan con adolescentes. Los encabezados de cada sección, los cuadros de texto con consejos y el resumen pueden dar sugerencias para temas de formación.

PARTE I

CONOCER LOS ASPECTOS BÁSICOS

Entender su mundo

Es curioso como muchos adultos se han olvidado de como eran ellos en su época adolescente. Acuérdese, ¿cómo fue para usted? ¿Las hormonas en ebullición, obsesionado con la última moda, preocupado por su imagen y preocupado con lo que sus compañeros pudieran pensar de usted? ¿Un rebelde poniendo a prueba todos los límites, experimentando con todo lo que podía? ¿Preocupado por el futuro, sintiendo que la generación anterior le había decepcionado, convencido de que usted podría haber hecho mejor las cosas?

> **Acuérdese de lo que significa ser adolescente**

Los adolescentes de hoy en día no son tan diferentes. Si podemos ponernos en su lugar, intente ver el mundo desde su punto de vista y entender cuáles son sus prioridades y sus preocupaciones; una vez que esto se logre es cuando puede surgir un diálogo entre generaciones.

Cuando un adulto sea capaz de ver el mundo a través de los ojos de un joven, es cuando puede cosechar respuestas sorprendentemente positivas.

Un hombre que estaba andando por la acera vio a tres chicos montados en bicicletas de cross; este hombre no les conocía. Uno de ellos había estado saltando sobre una botella de cerveza vacia y la dejó rodando en la acera al mismo tiempo que ellos se alejaban con las bicis.

5

Disculpa, exclamó el hombre. La segunda vez que le llamó, el chico se paró y se dio media vuelta. Me has dejado totalmente sorprendido con esos saltos,
dijo el hombre, pero no quiero que nadie vaya andando y se tropiece con la botella. ¿La puedes dejar en el mismo lugar donde te la has encontrado?.
¡Lo siento!, respondió el chico y volvió a dejar la botella en el contenador de reciclaje.

Algunos adolescentes estaban reunidos en grupo en la oscuridad cerca del club de jóvenes. Un adulto que ayuda de vez en cuando en el club los vio mientras pasaba al lado de ellos.
El adulto dijo: Hola, no os reconozco en la oscuridad, ¿sois del club? No, no eran del club.
De acuerdo, dijo él, voy ahora para el club y continuó andando. En el momento que estaba dando la vuelta a la esquina oyó una voz que decía: ¡Encantado de conocerle!.

En estos ejemplos, el adulto ve el mundo a través de los ojos de la gente joven, se están divirtiendo. Desde el punto de vista de los jóvenes, lo que están haciendo es inofensivo; pero, desde el punto de vista de algunos adultos, los adolescentes en la oscuridad les puede parecer una amenaza y los chicos en sus bicicletas les podrían parecer gamberros. Tales percepciones tienen el riesgo de hacerse realidad. Si se tiene miedo a la gente joven y nadie se compromete con ellos, entonces existe el riesgo de que se aíslen y actúen de acuerdo a sus propias reglas. Si nos enfretamos a ellos sin entenderlos, ellos se sentirán ofendidos y su respuesta será grosera. Reconocer su visión del mundo hace que sea más fácil para ellos cooperar.

Crear esa conexión

Si usted conoce y se lleva bien con una persona joven, es relativamente fácil usar esa relación para pedirles que hagan o no hagan algo. Usted los conoce y sabe como son, por lo tanto puede apelar a lo mejor de ellos. Pero si no les conoce, es fácil emitir juicios, asumir lo peor y tratarlos de acuerdo a esos juicios emitidos. A menudo esto resulta en una reacción negativa por parte de la persona joven y una mala relación desde el principio.

Merece la pena hacer un esfuerzo consciente para construir una relación con gente joven que aporte una base sólida para futuras relaciones.

Créese el hábito de ser amigable con los jóvenes. Sonría y diga hola. Conozca cuáles son sus intereses y sus hobbies, para que tenga algo con lo que pueda tener una pequeña conversación con ellos. Entérese a que equipos apoyan o que mascotas tienen.

> **Cree una referencia para decir algo positivo**

Mucha gente joven está acostumbrada a que se les ignore por parte del mundo adulto, al menos que haya algo negativo que decir. Sorpréndales diciéndoles algo agradable.

¡Qué bien, parece que te estás divirtiendo!

¡Gracias por recoger la caca del perro!

¡Ese truco es asombroso! ¿Cómo lo haces?

¡Tim, llevas un corte de pelo muy bonito!

Cuanto más positivo sea el contacto, que tiene con una persona joven –mayor será el respeto que le tengan y más empatía tendrán con usted– en el caso que en el futuro las cosas se compliquen será más fácil solucionarlas. Si conoce a alguien desde que era pequeño y se lo encuentra haciendo algo estúpido cuando es adolescente, cuando le pida que pare es probable que lo haga. Si es la primera vez que habla con él o ella, es probable que la situación sea bastante más complicada.

Escuchar

Una buena forma de ponerse en el lugar de los jóvenes es escuchar lo que dicen. Como adultos, a menudo pedimos a la gente joven que nos escuchen a nosotros, pero puede que no seamos muy buenos escuchándoles a ellos.

Si escuchamos y tratamos de entenderles lo que tratan de trasmitirnos, entonces la mitad del trabajo está hecho: no sólo se sentirán respetados y ver que sus puntos de vista cuentan, sino que también estarán dispuestos a escucharnos a nosotros.

> **Si usted les escucha a ellos**
> **Ellos le escucharán a usted**

Reconocimiento

Podemos asegurarnos de que los jóvenes saben que les hemos escuchado y entendido reconociendo lo que dicen.

El reconocimiento no necesariamente significa estar de acuerdo con la otra persona o que perdona su comportamiento; simplemente muestra que está escuchando y está tratando de comprender. Si una persona joven percibe que se le escucha y se le entiende, entonces es más probable que él o ella muestre respeto y cooperación como respuesta.

Escuchar su realidad es más importante que tratar de encontrar una solución para ellos.

Chico: Estoy aburrido. No hay nada que hacer en este estúpido lugar.
Adulto: La vida no es muy divertida cuando se está aburrido.

9

De hecho el reconocimiento puede ayudar a un adolescente a solucionar un problema por él mismo.

Chica: *¡Chusa es una puta!*
Adulto: ¿Por qué?
Chica: *¡Me ha enviado un mensaje diciendo...!*
Adulto: Ya veo
Chica: *Vale, por lo que hice ayer...*
Adulto: Mmmm
Chica: *Creo que... (llega a una posible solución)*
Adulto: Muy Bien

El reconocer o repetir lo que usted piensa que ha oído, puede ayudar a formular su comprensión.

O sea, ¿que lo que a ti te preocupa es que a todos los demás se les permita ir a la fiesta excepto a ti?

El reconocer o repetir, intentando comprender lo que le han contado, puede ayudarle mucho cuando los adolescentes parecen comportarse de forma irracional.

Se ha organizado un festival de música en el parque y la zona para practicar con el monopatín, no se puede utilizar durante ese día; desde hace semanas hay una nota informando de esto. Mientras mucha gente joven está contenta porque se va a celebrar un festival, los que practican monopatín y los que usan las bicicletas de cross, no les gusta la idea. Se reúnen fuera de la zona para practicar monopatín y se quejan de que les han quitado sus instalaciones.

En lugar de decir: No sé de lo que os estáis quejando. Es solamente un día de los 365 que tiene el año y estáis avisados desde hace un montón de tiempo. Deberíais pensar en la suerte que tenéis por vivir en una ciudad que tiene una zona para practicar el monopatín y un festival de música.

Decir: Veo que estáis muy molestos porque no podéis utilizar el skatepark, durante un día entero. No creo que nadie se haya dado cuenta de lo mucho que os afecta. Cuando organicemos el festival para el próximo año estaría bien que viniérais para decir lo que os parece y nos echéis una mano para ver una forma mejor de organizarlo.

Es fácil interpretar en la gente joven el sentido de las travesuras o de aventura como anti-social, pero, si puede llegar a entenderles, usted puede ayudarles a ellos a entender como otras personas ven el mundo.

En lugar de decir: No es nada gracioso, ¡llamar y salir corriendo!, ¡Estáis victimizando a esa señora anciana!. ¡La próxima vez que hagáis algo parecido llamo a la policía!.

Decir: Os puede parecer gracioso, que la señora anciana vaya a abrir la puerta y que se encuentre que no haya nadie cuando abre la puerta. Sin embargo, poneros en su lugar. La señora tiene artritis y el caminar hasta la puerta de entrada le produce dolor en las articulaciones. ¡No es de extrañar que se enfade cuando ve que no hay nadie!.

En lugar de decir: El Señor Emilio me dijo, que os pilló a ti y a tus amigos haciendo una hoguera en el vertedero. Sabes que las hogueras son peligrosas. ¿Por qué has estado haciendo el idiota?.

Decir: Se que las hogueras son fascinantes, pero no puedes encender una en el vertedero. Vamos a hacer una hoguera en el patio; y así podrás tener una hoguera sin disgustar a otras personas.

Una forma de obtener de los jóvenes una perspectiva diferente, procede de preguntarles a ellos.

Si te digo la verdad, no entiendo lo que dice la letra de esa canción.
¿De qué habla la letra de la canción?

Escuchar las opiniones de los jóvenes puede ser muy informativo. Una vez, fui al consejo escolar de una escuela secundaria local, para preguntar a los alumnos qué les gustaría que se hiciera para mejorar la ciudad. Yo esperaba que pidieran más y mejores instalaciones para el grupo de su edad. En su lugar, dijeron que lo que sería algo bueno para ellos, sería que hubiera una patrulla de la policía los sábados en la calle. Resultó, que había un pequeño grupo de adolescentes, que quitaba el dinero de la paga semanal, a otros niños los fines de semana. No había presencia de la policía para pararlos y nadie se atrevía a denunciarlos por temor a que les atacaran. Me complace decir que ahora hay una presencia habitual de la policía en la zona centro.

Resumen: Entender su mundo

- Ver el mundo a través de los ojos de los adolescentes

- Enterarse y saber en lo que ellos están interesados

- Escuchar su punto de vista

- Pedirles su opinión

- Reconocer su realidad

Transmisión de valores

Una de las responsabilidades del adulto es enseñar a las generaciones más jóvenes valores éticos. La mejor manera de pasar los valores a la siguiente generación, es la de ser un ejemplo para ellos.

Si los más jóvenes están alrededor de adultos que son respetuosos, cariñosos, amables y honestos, entonces es probable que copien ese comportamiento y lo asuman como parte de sus valores. Si ven, falta de respeto, falta de honradez, egoísmo o materialismo, estos son los valores que probablemente van a copiar.

Los valores son imitados no enseñados

Incluso, cuando hay malas influencias en otras facetas de sus vidas, cuando la gente joven respeta y admira a un adulto en particular, tienden a imitar su comportamiento y sus valores éticos.

Consciente o inconscientemente, los adolescentes observan a los adultos en sus vidas como sus modelos de masculinidad y feminidad. No sólo observan a los padres o a los famosos, sino a todos los adultos que se van encontrando. Cada uno de nosotros, es para ellos, un posible modelo a elegir.

Los adolescentes no responden bien a las charlas, pero se pueden transmiter valores éticos de forma clara, con nuestra forma de expresarnos.

Vamos a echar la basura a la papelera.

Parece que podrían hacerlo con un poco de ayuda.

No estoy preparado para mentir sobre tu edad.

Estaba equivocado. Lo siento.

En este grupo no tenemos apodos.

Se necesita mucho coraje para defender a alguien con el que se están metiendo.

Los valores se expresan, a través de la forma en la que hablamos de nuestras vidas, de nuestro trabajo y de las demás personas, a través de las opiniones que expresamos, de las anécdotas que contamos. La gente joven aprende tanto de lo que hacemos como de lo que decimos. Si ven a sus padres que son cariñosos, aprenderán sobre el amor; si escuchan a los adultos que se hablan con respeto entre ellos, entenderán que es el respeto; si están cerca de personas que son educadas entre ellas, entonces la cortesía se convertirá en una parte natural en ellos.

Podemos reforzar los valores éticos que queremos, cuando los adolescentes los ponen en práctica.

Gracias por dejarme pasar.

Eso ha sido de gran ayuda.

Muy bien por mantener la calma cuando él dijo eso.

Anime a los adolescentes a respetarse a si mismos y a los demás.

Tú vales más que todo eso.

Oye, eso no es muy agradable, no hay razón para blasfemar.

No me agrada oírte hablar del sexo opuesto de esa forma.

Algunos adultos, creen que el respeto debería ser ganado y sólo respetar a aquellos que se puedan considerar dignos de ser tratados con respeto. Mucha gente joven, está de acuerdo con esta visión. Por desgracia, esta opinión lleva a que se de una situación de estancamiento: un adulto no mostrará respeto a una persona joven, porque él o ella no muestra respeto o porque no se merece ser respetado; el adolescente no respetará al adulto, porque él o ella no parece que sea respetuoso o digno de que se le respete.

Si queremos que la próxima generación sea respetuosa, tenemos que enseñarles con ejemplos, tratándoles con el respeto que nos gustaría que ellos mostrarán a los demás.

Resumen: Transmisión de valores

- Demuestre sus valores

- No de charlas

- Reconozca lo que los adolescentes hacen bien

- Demuestre respeto en lo que usted dice y hace

Lenguaje corporal

El análisis llevado a cabo por Alan Pease, experto en lenguaje corporal, mostró que entre el 60-80% del impacto personal que una persona proyecta, puede ser el resultado de su lenguaje corporal y de su tono de voz.

Por lo que, mientras que las palabras que usamos son importantes, tenemos que ser conscientes de nuestro lenguaje corporal y de nuestro tono de voz para ser conscientes del mensaje que estamos tratando de transmitir.

La dificultad con el lenguaje corporal y en particular con las expresiones faciales, es que estamos en el interior mirando hacia fuera, por lo que muchas veces no somos conscientes de lo que estamos haciendo. Sin embargo, todo da un mensaje: ¿cómo está de cerca, si se está físicamente al mismo nivel, la postura que adopte, la posición de sus manos y cómo las tenga colocadas, si sonríe o si tiene un gesto fruncido, si sus ojos parpadean o si su mirada es de enfado.

> **Pida opinión a una persona de confianza**

Averigue cuáles son sus hábitos y cuál es el impacto que esos hábitos tienen, en su imagen exterior. Una vez sea consciente de su lenguaje corporal, le será más fácil elegir el efecto que desee.

Tono de voz

Es más fácil ser consciente del tono de voz que usa, ya que se puede oír, pero también puede ser de utilidad preguntar a alguien de su confianza y que le de su opinión sobre su tono de voz.

Escúchese a sí mismo cuando hable con adolescentes. Cuando les pide que hagan algo, ¿utiliza un tono de voz que suena firme y respetuoso? Si no, ¿qué podría hacer de forma diferente para lograr esto? ¿Necesita cambiar el volumen, el tono, la velocidad, el tono o énfasis?

La gente joven capta si lo que parece que usted quiere decir es lo que está expresando; si no parece que dice lo que parece, entonces no prestan atención. Trate de tomar una respiración profunda antes de hablar: esto baja el tono de voz y da a la voz más autoridad, le ayuda a relajarse, reduciendo cualquier sensación de estrés.

El animador social entró en la sala y vio envoltorios de caramelos por todo el suelo. El animador social tomó la papelera y se la puso a la altura de la cintura y con una voz más elevada que el bullicio que había en ese momento, dijo: Cada uno de nosotros tenemos que poner cinco envoltorios de caramelo en la papelera. Su tono era amigable y decidido, siguió repitiendo el mensaje hasta que todo el mundo le escuchó y captó el mensaje. Tres minutos más tarde el suelo estaba limpio.

Prestar atención al tono de voz para que no suene como un ruego. Cuando haga preguntas procure no utilizar un tono de voz elevado al final de la pregunta, para que suene más como una frase neutra.

En lugar de preguntar: ¿Me puedes atender?

Decir: Me puedes atender (usando un tono positivo)

En algunas ocasiones, un tono de enfado puede ser efectivo, dando a la gente joven el mensaje que ha traspasado el límite. Pero si los adultos usan un tono de enfado con frecuencia, los adolescentes dejan de prestar atención.

Incorporar algunos toques de humor cuando esté transmitiendo su mensaje, a veces es todo lo que se necesita para conseguir su cooperación.

Resumen: Lenguaje corporal

– Sea consciente de los mensajes que está dando con el cuerpo, la voz, el rostro y los ojos

– Adoptar tonos, gestos y expresiones faciales que sean firmes, no amenazantes y respetuosos

– Tomar una respiración profunda relaja el cuerpo y baja el tono de voz

Humor

A la gente joven le gustan las risas y las bromas. Una buena forma de construir una relación mejor con ellos es a través del humor. El sentido del humor es algo personal y que puede resultar gracioso, dependerá del estilo que se utilice y de la situación en particular. Si se utiliza bien, puede animar el ambiente y ayuda a que haya cooperación.

El animador social ha colgado algunos posters nuevos en diferentes sitios de las paredes. Algunos adolescentes en busca de atención, comienzan a descolgar los posters. En broma, el animador social, dice: ¿Os dais cuenta que me lo he pasado muy bien toda la tarde colgando posters?

Los adolescentes se ríen de los posters y los demás se unen a ellos riéndose. El animador social con una cara de enfado, dice: ¡estoy seguro que vosotros no podríais colocarlos mejor!.

Los adolescentes se enfrentan al desafío y colocan los posters que han quitado y recolocan los demás.

El objetivo de utilizar el humor es para facilitar las cosas, no lo utilice para menospreciar a los adolescentes. En su lugar, haga una broma de la situación o de usted mismo.

Dos chicos adolescentes se están peleando en broma y cuando se les pide que paren, no hacen caso y continúan. Uno es más grande y más fuerte que el otro y ha ganado. A

*su alrededor se ha formado un grupo para mirar. El adulto
le pregunta al chico más pequeño:
Oye, ¿por qué siempre eliges a los débiles y vulnerables?
¡Supongo que la próxima vez me elegirás a mí!.
Los chicos dejan de pelear y todo el mundo comienza a
reírse.*

A los chicos en particular les divierten las bromas y ésta puede ser una buena forma de llevarse bien con los adolescentes. Hay una línea muy fina de separación entre lo que es una broma y lo que es sarcasmo. Mientras que el sarcasmo puede hacer reír, también puede herir y las víctimas pueden esperar a tener la oportunidad para devolver el sarcasmo.

Cuidado con el sarcasmo

Por muy fuertes que quieran mostrarse hacia el mundo del exterior, tanto los chicos como las chicas pueden ser muy sensibles, especialmente en la etapa de la adolescencia. Asegúrese de que todos puedan disfrutar de la broma.

Si los adultos dan muestra de cómo hacer un humor divertido y constructivo para todos, esto se le pegará a la gente joven y adoptará este modelo a la hora de poner en práctica su faceta humorística. Por supuesto, algunas veces se pasarán de la raya, pero parte de la responsabilidad del adulto es enseñar a los adolescentes cuando es el momento apropiado.

Las bromas están muy bien, las groserías no.

En esta empresa, ese tipo de humor no es apropiado.

Aunque su humor sea inapropiado, el truco está en no tomarlo personalmente, ya que sólo le enfadará y empeorará las cosas. Esta es una estrategia especialmente útil cuando los adolescentes están intentando provocar de una forma deliberada.

Resumen: Humor

– Utilizar el humor para suavizar el ambiente

– Reirse con los adolescentes, no de ellos

– No tomarse las bromas de los adolescentes de forma personal

PARTE II

HACERLO MÁS FÁCIL PARA USTED

Mantener los límites

Poner un límite a una conducta, se puede definir como la línea que existe entre una conducta aceptable y una conducta inaceptable de comportamiento. El claro establecimiento de los límites, que no sean excesivamente restrictivos y que se apliquen de forma consistente a los adolescentes, proporciona claridad y hacen que se sientan seguros y protegidos.

La adolescencia es una etapa de exploración y de probar cosas, por lo que espere que los adolescentes pongan a prueba los límites establecidos. Algunos presionaran descaradamente contra ellos y otros tratarán de saltárselos sin que se note.

La gente joven no sólo necesita que se les pongan límites, sino que ellos también los quieren. Los límites les dan seguridad frente al mundo exterior y les facilita la excusa necesaria para decir «no puedo hacer eso, no me dejan».

A veces los adolescentes de forma inconsciente piden a los adultos que les pongan límites. Cuando los adolescentes preguntan, ¿tengo que hacerlo? un simple «Sí», por lo general es todo lo que se necesita. A continuación, pueden hacer lo que se les ha pedido sin sentirse obligados a tener que resistirse más.

La gente joven necesita conocer cuáles son los límites de un comportamiento aceptable y qué sanciones son aplicables si esos límites se sobrepasan, así que las reglas y las sanciones deben estar claramente definidas.

Lenguaje positivo

Si los límites son expresados constantemente de forma negativa: «No...» o «No hagas...» la gente joven se puede sentir controlada, limitada y reaccionar de forma rebelde. Los límites son más eficaces cuando se expresan de forma positiva.

Todos a echar una mano con la limpieza.

Vuelve a las 9.00 p.m.

Los juegos de balón en el patio.

Utiliza el lenguaje con respeto.

Tus amigos son bienvenidos a casa, pero espero que cuando lleguen, vengan y digan "hola" y cuando se vayan digan "adiós" y "gracias".

A veces un límite se debe expresar en negativo con el fin de ser más explícito.

No escupir.

Mostrar reglas de una forma que destaquen asegura que sean asimiladas aunque no se hayan leído de forma consciente. Esto también hace que las reglas sean independientes y así es más probable que los jóvenes no se tomen de forma personal, el que se les recuerde la existencia de una regla.

Hay reglas que irremediablemente tienen que imponerse, pero hay algunas que se pueden negociar, esto ayuda, a la hora de tener que decir a los adolescentes cuál es cuál y por qué.

Los socios del club han preguntado si se puede organizar un juego que es bastante bullicioso.

El adulto responde: Esta noche hay mucha gente y el ambiente está un poco desmadrado. Si os parece lo organizamos otro día que no haya tanta gente, hoy es un poco arriesgado porque puede haber un accidente y que le pase algo a alguien.

Si un límite se percibe como poco razonable, es muy probable que no hagan caso y se produzca una discusión si se obliga a cumplirlo. Si un límite se considera razonable y se aplica de una manera razonable, entonces es probable que los jóvenes obedezcan y lo cumplan.

La propia naturaleza de los adolescentes es querer sobrepasar los límites, es importante que los adultos no se tomen esta conducta como algo personal, pero si hay que recordarles que hay un límite que hay que respetar, de una forma clara, positiva y con un lenguaje impersonal.

En lugar de decir: **¡Estoy harta de tener que estar diciendo todas las noches que es hora de irse a la cama!**

Decir: Tu hora de irte a la cama son las diez de la noche.

En lugar de decir: No seas tan egoísta, Angel. ¡Ahora le toca a Paco!

Decir: Angel, ahora le toca a Paco.

La gente joven que tiene el hábito de blasfemar, con frecuencia ocurre que no son muy conscientes de ello y si se les hace ver esta conducta por lo general se disculpan.

Si blasfeman delante de usted, una estrategia puede ser, mirarles con incredulidad, poner un dedo en los labios o decir «ese lenguaje».

Es muy fácil señalarles que se han pasado, que han cruzado el límite y sin embargo olvidamos reconocer que han hecho caso, que han cumplido con lo que se ha acordado. Asegúrese de decir algo positivo cuando las cosas van bien.

Gracias Angel, por respetar los turnos.

Está muy bien ver que vuelves a la hora que habíamos quedado.

Está muy bien que hayas hecho tus deberes sin protestar.

Me he dado cuenta que ya casi no blasfemas. Gracias.

Objetividad y coherencia

Si un límite se establece y se aplica de forma sistemática, entonces se acepta como algo que hay que respetar; pero si se aplica de forma inconsistente, la gente joven lo percibirá como algo flexible y van a tratar de sobrepasar ese límite cada vez que tengan una oportunidad. Es mucho mejor aplicar firmeza en el establecimiento de los límites y ser flexible en momentos muy puntuales, que ser muy flexible con los límites y de repente querer que un límite sea respetado cuando el adulto considera que "ya está bien".

Cada adulto tendrá un punto de vista algo diferente de lo que es y no es aceptable, por lo que es conveniente que los adultos hablen y lleguen a un acuerdo para evitar confusiones.

A veces los límites que se ponen, difieren según las personas y/o el lugar dónde se quieren aplicar: por ejemplo, un nivel más elevado de ruido puede que sea aceptable para un adulto y no para otro.

Cuando queramos que un nuevo límite de conducta se cumpla, tenemos que dar un tiempo y un espacio a los adolescentes, para que lo incorperen en su conducta y decidan por ellos mismos el llevarlo a cabo. Esto se denomina "tiempo de asimilación". Si la gente joven se siente tratada con respeto y que se les está permitiendo tener un espacio, es más probable que cumplan con lo que se les está pidiendo; si se sienten controlados o que se desconfía de ellos, pueden tener una sensación de resentimiento, comportarse de forma grosera y no querer colaborar. Facilitar un "tiempo de asimilación" también implica que se está dando un grado de confianza al adolescente y va a cumplir con lo que se le ha pedido.

> **Los adolescentes necesitan
> "un tiempo de asimilación"**

La mayoría de los adolescentes responden bastante bien si piensan que han sido tratados de manera equitativa. Si se sienten tratados injustamente es muy probable que con frecuencia se enfaden. Si alguien tiene fama de portarse mal, los adultos tienden a estar más pendientes de ellos y por lo tanto van a ser pillados más a menudo que sus compañeros. Por lo tanto, estos adolescentes contestarán y reaccionarán con enfado porque piensan que la han tomado con ellos.

La tendencia que tienen los chicos y las chicas para saltarse los límites difiere en la forma que la utilizan. Una chica tratará de saltarse un límite con sutiliza y tratará de no llamar la atención. Por otra parte, un chico tenderá a saltarse ese límite más "a la cara". Es importante que un límite se aplique por igual, tanto a los chicos como a las chicas.

Se busca que al utilizar la equidad no se guarde rencor, de modo que los adultos deben dar por finalizado el problema después de que se haya tratado. Pueden decir algo que indique y deje la situación clara.

Bien. Te he dicho lo que pienso de eso, ahora vamos a continuar.

De eso ya hemos hablado. [Hacer una pausa.] De todas formas, me alegro de haberme encontrado contigo porque me he enterado que lo has hecho muy bien en la competición de baile y quería felicitarte.

Habrá ocasiones en las que la objetividad y la consistencia de un límite tendrán que anularse y hacer lo que funcione mejor en circunstancias especiales. Los adultos deberán utilizar su propio juicio de valores en tales casos. Si además usted explica su razonamiento esto ayudará a que la situación mejore.

Con un adolescente que normalmente no se esfuerza mucho con los deberes del instituto:

Adolescente: Necesito dinero para cortarme el pelo, ¿me puedes dar algo?

Padre: Si me lo hubieras pedido otro día te hubiera dicho que esperaras hasta que te diera la paga. En esta ocasión, la verdad es que estoy impresionado en ver cómo te estás esforzando con el trabajo que te ha mandado el instituto, así que, yo te pago el corte de pelo, a modo de «felicitación».

Algunas veces un límite se tiene que cambiar o ajustar a la situación. Asegúrese de que esto se explica de forma clara y todo el mundo se da por enterado, de lo contrario habrá problemas cuando se ponga en práctica.

En los cumpleaños, ciertos límites se relajarán. Las razones y las condiciones que existan para esta decisión, se tienen que explicar y tendría que haber espacio para negociar. No obstante, habrá algunos otros límites que usted todavía no se encontrará preparado para tratarlos.

Por favor, no te tomes esto de forma personal. No estoy diciendo que no te crea por no dejarte organizar una fiesta sin supervisar. Lo que digo es que, no confío en que gente de dieciséis años tenga una fiesta sin que haya nadie para supervisar. Por muy buenas intenciones que tengas, si alguno de tus amigos bebe lo suficiente como para descontrolar, tú no puedes asegurar cómo se van a comportar. Si quieres hacer una fiesta, la puedes hacer, siempre y cuando entiendas que tiene que haber un adulto cerca.

Sanciones

Cuando se sobrepasan los límites, normalmente se aplican las sanciones. El propósito de las sanciones no es, como muchas veces se imagina, castigar, sin más, sino enseñar a adquirir una auto-disciplina y fomentar una conducta social y moral para las próximas situaciones que se den. Las sanciones que se elijan tienen que tener en cuenta esta observación.

Las sanciones deben ser justas, en proporción y adecuadas a cada circunstancia, al mismo tiempo que se aplican de forma consistente y con respeto.

Con el fin que los adolescentes aprendan de la situación, la sanción debería ser una consecuencia acorde a la falta cometida.

Si el/la adolescente desordena, ensucia; tiene que ordenar y limpiar.

Si el/la adolescente llega con cinco minutos de retraso; la próxima vez tiene que llegar cinco minutos antes de la hora establecida como llegada.

Si el/la adolescente estropea o rompe algo, se tiene que disculpar/arreglarlo/pagarlo.

Si el/la adolescente no pone la ropa en la cesta de la ropa sucia, no se le lava la ropa.

Si el/la adolescente pinta en una pared que no se puede hacer graffiti, tiene que limpiar la pared.

**Elija una sanción que refleje
una consecuencia de su comportamiento**

Algunas veces se necesita más tiempo de reflexión y supervisión para aplicar "consecuencias" en vez de castigos, pero vale la pena el esfuerzo porque las lecciones son aprendidas. ¡Y como la consecuencia misma enseña una lección!. ¡No hay necesidad de dar una charla!.

Hay veces, en las que no se pone una sanción de forma inmediata, pero la consecuencia de la acción se hace evidente en el momento oportuno.

Un adolescente se niega a ayudar a descargar la compra del coche, un poco más tarde pide que le lleven en coche al centro.

En lugar de decir: ¡Tú sólo te preocupas de pedir, pedir, pedir!, pero cuando yo te pido que me ayudes, no ayudas. Ahora, si tú necesitas que te lleve en coche a algún sitio, son todas sonrisas y amabilidad. ¡Me da la impresión que no valoras nada!.

Decir (con calma): Antes no te apetecía echarme una mano para ayudarme a descargar la compra del coche. Ahora es a mí a quien no le apetece ayudarte.

La consecuencia se tiene que dar inmediatamente después de la acción, para que se establezca la conexión y quede claro.

Muchos adultos cometen el error de imponer sanciones, por más tiempo que el necesario para que se aprenda la lección. Si el castigo es desproporcionado en relación a la falta cometida, parecerá injusto y cualquier remordimiento inicial se convertirá rápidamente en resentimiento. Cuanto más dure la sanción, mayor será el resentimiento, por lo tanto, en lugar de que el castigo ayude a reforzar una conducta positiva, puede resultar en que se de una respuesta opuesta y se produzca una conducta negativa.

En lugar de decir: ¿Qué horas son estas de llegar?. Estábamos muy preocupados porque no llegabas. ¡Se acabó, no sales más con tus amigos, te quedas sin salir hasta el final del trimestre!.

Decir: Has llegado una hora tarde, así que mañana es muy probable que no salgas con tus amigos. La próxima vez que te diga que tienes que estar en casa a una hora determinada, asegúrate que lo cumples.

En lugar de decir: No queremos tu estilo en este club. Vete y no vuelvas.

Decir: Te prohíbo venir al club durante una semana. Si después de esa semana, crees que estás preparado para seguir las reglas, entonces serás bienvenido.

**Las sanciones deben estar
limitadas en el tiempo**

Cuidado con castigar por lo mismo en dos sitios a la vez, por ejemplo en la escuela y en casa. He oído hablar de un chico que le dieron un informe negativo en el colegio. Cuando sus padres se enteraron, se enfadaron tanto que le castigaron durante todas las vacaciones de Semana Santa. En lugar de que el chico volviera de vacaciones descansado psicológicamente, capaz de avanzar y comenzar el nuevo trimestre con una actitud positiva, volvió resentido, dolido con el convencimiento de que todo el mundo estaba contra él.

Informar a los padres de un chico o chica el tipo de comportamiento que ha tenido, puede ser en sí mismo una sanción para el chico o chica.

El animador social estaba tratando de organizar un juego pero nadie escuchaba o cooperaba, así que después de perder la paciencia, dijo que al final no se iba a organizar el juego. A los adolescentes esto les pareció que era injusto y uno de ellos animó a todos los demás que hicieran una sentada. Todos se sentaron y cantaron: «No nos moverán». El animador social trató de ignorarlos, estuvo barriendo alrededor de ellos, a la hora de cerrar, les pidió que se fueran, pero aún así no se movieron. Por lo que les dijo, que tendría que telefonear a sus padres. Esto funcionó, se levantaron y se fueron. El resto de la tarde se la pasó visitando y llamando a los padres para explicarles que si el club de la juventud funciona, los supervisores tienen que estar seguros que los socios escucharán y harán lo que se pida. Los padres hablaron con sus hijos e hijas y a la semana siguiente todo volvió a la normalidad.

Es importante animar a la gente joven, a que sean abiertos y honestos, pero si les echamos una bronca desproporcionada o les castigamos cuando nos cuentan sus cosas, lo más probable es que dejen de contarnos sus experiencias y no nos vamos a enterar si están bien o tienen algún problema y necesitan ayuda.

Un niño le cuenta a usted las bromas que él y sus amigos hacen en el autobús escolar, estas bromas consisten en escribir en los asientos y reírse de otros alumnos.

En lugar de: regañarle de forma severa por hacer el gamberro y ser un acosador.

Intente lo siguiente: explique al niño, que lo que puede parecer divertido para él y sus amigos, en realidad es, vandalismo y acoso. Transmita al niño que usted quiere que trate con respeto tanto a sus compañeros como al autobús.

Si el comportamiento del chico o chica empeora después de un castigo, lo común es aplicar castigos cada vez más fuertes. El resultado de esto es que se cree una situación de conflicto entre los adultos y los jóvenes. Cuando los castigos no tienen el resultado que se busca, es el momento de tomar un enfoque diferente y abrir una vía de comunicación entre ambas partes para solucionar el problema. Consulte las secciones sobre «Solucionar las dificultades», y «Enfrentar temas importantes».

Resumen: Mantener los limites

- Asegurarse que los límites son razonables y los adolescentes los conocen

- Utilizar un lenguaje positivo para reforzar el buen comportamiento

- Aplicar estas pautas de forma justa y coherente

- Poner sanciones que sean consecuencia de la conducta y que sean límitadas en el tiempo

- Mantener los canales de comunicación abiertos

Dar instrucciones

A muchos adolescentes no les gusta que les digan lo que tienen que hacer. Si se sienten controlados, entonces, se sienten obligados a poner resistencia. Si damos instrucciones, de forma que no parezcan controladoras, la gente joven se mostrará mucho más dispuesta a cooperar.

La tendencia de la gente joven es cooperar con personas que les respetan, por lo tanto respetan a las personas que demuestran tener un respeto hacia ellos. Los adultos, si tienen en mente acercarse a la gente joven con respeto, entonces en un porcentaje muy alto se pueden sentir que los jóvenes les están respetando.

En lugar de decir: ¿Sabes lo qué va a pasar si juegas al fútbol aquí? Vas a estropear algo, ¡vete a jugar a otro lado!.

Decir: Hola. Parece que te lo estás pasando bien jugando con el balón. Me preocupa un poco que el balón vaya a parar a algún coche o a alguna ventana.
¿Te irías a jugar al parque?.

Cuando la gente joven se siente valorada y respetada, es más fácil que cumplan con lo que se les pide.

A veces parece difícil conseguir que la gente joven escuche; es como si estuvieran en una realidad diferente a la de los adultos. En muchos aspectos esto es cierto: sus prioridades son diferentes y su atención está en otras cosas, ésto incluye enviar mensajes a amigos, escuchar música o jugar con la videoconsola.

Pero si lo que queremos es dar instrucciones, lo primero que debemos conseguir es su atención. Cuando nos dirigimos a una persona, para que nos atienda tenemos que decir su nombre. Cuando se trata de un grupo, podemos utilizar un genérico.

Buenos días chicos.

Vale equipo.

Utilize un tono de voz ligero y agradable, pero lo suficientemente alto como para que todos le presten atención. Si alguien tiene los auriculares puestos, puede que se los tenga que quitar (puede hacer señas para que le entiendan). Si están usando un ordenador, puede que necesite que lo miren. Llamar a alguien que está en un ordenador, desde una distancia puede ser una experiencia frustrante para ambas partes; a menudo es más efectivo acercarse y hablar con ellos directamente.

Con frecuencia es útil para dar una señal de aviso.

La cena está casi lista. Te voy a pedir que pongas la mesa, en un minuto.

Hay que hacer un trabajo. Necesito cuatro voluntarios, por favor.

Cinco minutos más.

Una vez le estén escuchando y atendiendo, dar instrucciones de forma tan sencilla y clara como sea posible. Si esa tarea ya la han hecho antes, puede ser, una instrucción general.

Hay que poner la mesa para cinco personas.

Hay que guardar el bolso en el armario.

Es hora de recoger las cosas.

Si se necesita que las instrucciones sean más concretas, entonces tienen que ser lo más claras posible y sin que den lugar a ambigüedades.

Son cinco personas. Hay que poner en cada sitio un juego de cubiertos, que lleva cuchillo, tenedor, cuchara y vaso.

Para sacar la bolsa usa la cinta que está más cerca de ti.

El equipo pequeño lo pones en la estantería y el equipo grande lo pones en el suelo.

El cerebro humano no distingue muy bien a la hora de diferenciar entre "hacer" y "no hacer", así que diga lo que quiere que se haga, en lugar de pedir lo que no quiere que se haga.

En lugar de decir: No llegues tarde.

Decir: Acuérdate que tienes que estar aquí a las 9.

En lugar de decir: Cállate ya.

Decir: Vamos a callarnos.

En lugar de decir: No te olvides la comida.
Decir: Acuérdate de coger la comida.

Es más efectivo motivar a los adolescentes, si nos centramos en llamar su atención, sobre los aspectos positivos.

En lugar de decir: No te puedes ir hasta que todo esto esté ordenado.
Decir: Tan pronto como todo esto esté ordenado, te puedes ir.

A la gente joven le resulta más fácil cooperar, ayudar, cuando no se sienten juzgados. Un consejo dado de forma clara es más efectivo que hacer juicios.

En lugar de decir: No estás poniendo suficiente esfuerzo.
Decir: Para conseguir buenos resultados, tienes que dedicarle un tiempo todos los días.
O: Te va a ser más fácil mover esa mesa de billar si la levantas un poco más.

Con un poco de imaginación por parte de un adulto, las actividades desagradables, aburridas o 'no-interesantes' se pueden convertir en interesantes o estimulantes.

En lugar de decir: Te quejas porque no hay comida en casa y luego no eres capaz de molestarte y descargar la compra del coche y subirla a casa.

Decir: Creo que si cada uno agarra cuatro bolsas de la compra del maletero, podéis subir la compra a casa en nada de tiempo.

O bien: Vamos a ver si podemos traer las bolsas de la compra a la cocina, en tres viajes.

Para algunos jóvenes, especialmente los varones, una tarea grande o muchas instrucciones a la vez les causa agobio. Responden mejor si se les da una sóla tarea o una sóla instrucción, cuando la primera se haya completado, se da otra instrucción.

En lugar de decir: Los trabajos del curso se tienen que entregar el 3 de Marzo.

Decir: Quiero que me entreguéis un plan de trabajo del curso, el viernes.

Más tarde: Todos habéis hecho y entregado un plan del curso. Me gustaría que me entregaráis, un primer borrador de la sección primera, este viernes.

En lugar de decir: ¡Te he dicho que recojas la mesa!.

Decir: Coloca los vasos en la bandeja de arriba del lavavajillas, por favor.

Y luego: Gracias, ahora coloca los platos en la bandeja de abajo.

En lugar de decir: ¡Te he dicho que ordenes tu habitación!.

Decir: Empieza por ordenar todo lo que hay por el suelo.

Después: Ahora está mucho mejor. Muy bien ahora, coloca la ropa limpia en el armario y la ropa sucia en la cesta de la ropa para lavar.

Y luego: ¡Mira que bien, ahora tu habitación parece otra!. Cierra los cajones y has terminado de ordenar.

A veces me preguntan si las instrucciones tienen que ir seguidas de «por favor». La gente joven necesita ver que los adultos alrededor de ellos dan buenos ejemplos, pero si se utiliza un tono respetuoso, la palabra «por favor» es posible que no sea necesaria. Utilizar la palabra «gracias» con una instrucción puede ayudar a conseguir su cooperación, porque expresa la confianza, que la instrucción se va a cumplir.

¡Ahora deja todo ordenado. Gracias!

Resumen: Dar instrucciones

− Ser respetuoso

− Conseguir su atención

− Ser claro y conciso

− Utilizar un lenguaje positivo

− Dar las instrucciones de una en una

Tratar con preguntas

Plantear preguntas con habilidad, ayuda a mejorar la comunicación con los adolescentes, pero a menudo una pregunta equivocada en un momento inoportuno, lo único que consigue es empeorar la situación.

Veamos el ejemplo de un profesor, cuyas preguntas, hicieron que el problema se intensificara, que la situación final fuera desproporcinada y que al final, se le escapara de las manos.

Profesor: ¿Dónde está tu chaqueta?

Alumno: En mi mochila.

Profesor: ¿Por qué no la llevas puesta?

Alumno: Porque estoy más cómodo sin ella.

Profesor:¿Y estarías cómodo, castigado durante la hora de la comida?

Alumno (encogiéndose de hombros): Puede.

Profesor: ¿Y estarías cómodo, castigado en el instituto, después que terminen las clases?

Alumno: ¡No!

Profesor: ¡Bueno!, de momento hoy estás castigado durante la hora de la comida y mañana después del instituto. Después veremos lo a gusto que estás.

Plantear preguntas

Antes de plantear una pregunta, tenga claro lo que está tratando de conseguir y si la pregunta le va a ayudar a que logre su objetivo. Sólo haga una pregunta si realmente necesita una respuesta.

En lugar de: ¿Dónde está tu chaqueta?

Decir: Ponte tu chaqueta, por favor.

Si hace una pregunta, luego repita la respuesta de tal forma que le ayude a conseguir el objetivo que busca.

Profesor: ¿Dónde está tu chaqueta?

Alumno: En mi mochila.

En lugar de decir: ¿Por qué no la llevas puesta?

Decir: De acuerdo. ¿Te la puedes poner, por favor?

Profesor: ¿Dónde está tu chaqueta?

Alumno: En mi mochila.

Profesor: ¿Por qué no la llevas puesta?

Alumno: Porque estoy más cómodo sin ella.

En lugar de decir: ¿Y estarías cómodo castigado durante la hora de la comida?

Decir: Sí, hoy hace un dia muy bueno. Sabes cuáles son las reglas del instituto, así que si no te importa, te la pones.

Recomiendo usar la forma gramatical, «¿te importaría?» cuando se dirija a los chicos y «¿podrías?» o «¿puedes?» cuando se dirija a las chicas. Los chicos a menudo interpretan ¿podrías? o ¿puedes? de forma literal queriendo decir: ¿eres capaz de poder hacer algo?, en vez de interpretarlo como una petición para hacer algo. Los chicos contestan normalmente con un «sí» y posteriormente, no hacen nada; cuando se les pide una explicación, contestan que no se les ha pedido hacer nada, sino que se les ha preguntado si tenían la capacidad para poder hacer algo.

Por otro lado, las chicas suelen reaccionar bien a «podrías» o «puedes» porque en este contexto utilizan menos el sentido literal del significado y muestran un interés mayor en crear una buena relación de cooperación.

Sólo plantee la pregunta si necesita la respuesta

Con relativa frecuencia, los adultos suelen hacer preguntas con la idea de llegar al fondo de la cuestión, pero esto lo que normalmente provoca en los adolescentes, es que se pongan a la defensiva y que mientan.

Pregunta:	Respuesta defensiva:
¿Quién ha hecho esto?	*¡Yo no he sido!*
¿Qué estás haciendo?	*Nada*
¿Por qué has hecho eso?	*Porque si*

Utilizar una frase afirmativa en lugar de una pregunta.

En lugar de decir: ¿Quién ha hecho esto?

Decir: Me gustaría arreglar este desastre.

O: Me gustaría que, quien haya hecho todo esto, tenga el valor suficiente, para asumir su responsabilidad.

En lugar de decir: ¿Por qué has hecho eso?

Decir: Sabes que la norma es x, por lo que la sanción por hacer eso es y.

En lugar de decir: ¿Cómo llamas a este tipo de trabajo?

Decir: Me siento muy frustrado cuando veo a alguien que tiene la capacidad para hacerlo muy bien y me presenta algo así.

En general, cualquier tipo de pregunta, tiende a poner a las personas a la defensiva y los adolescentes en particular pueden ser bastante sensibles. A modo de introducción y facilitar el terreno, comenzar por expresar una frase que muestre una intención positiva, de esta forma los adolescentes no se sienten que lo que usted quiere o busca es curiosear o culpabilizar a alguien.

En lugar de decir: ¿Qué estás haciendo?
Decir: Parece que te lo estás pasando muy bien en este momento. ¿Qué estás haciendo?
O: Creo que no deberíais estar ahí. ¿Qué estáis haciendo?

En lugar de decir: ¿Cómo se te ocurre hacer algo así?
Decir: No es muy normal que tú hagas una cosa de ese estilo. ¿Que te ha pasado?

En lugar de decir: ¿Qué tal día has tenido?
Decir: He tenido un día muy estresante en el trabajo, ¡que descanso llegar a casa! ¿Qué tal día has tenido?
O: Te noto un poco serio. ¿Te ha pasado algo en el instituto?

Si quiere una respuesta sincera, utilice un tono de voz que deje muy claro, que se trata de un interés sincero por saber lo que ha pasado.

Una de las características, de los adolescentes es responder protestando o dando un mínimo de información. Los padres, a menudo, se sienten frustrados cuando ven que su hijo o hija, del que sabían todo de él/ella se vuelve monosilábico/a. Pero una cosa si es segura, hacer muchas preguntas a los adolescentes, es una buena forma de que se cierren totalmente.

Si quiere saber lo que está pasando en la vida de un adolescente, vaya con cuidado, utilice situaciones informales en las que no haya prisa: en el coche o mientras están haciendo alguna actividad juntos, esto puede ser bastante efectivo. Permitirles que cuando vayan en el coche con usted, escuchen su música favorita, ayuda a que no se refugien en sus auriculares. No tenga una agenda preestablecida, deje que la conversación fluya. Usted podría empezar por hablar de la música que están escuchando, en ese momento.

Me ha gustado mucho este tema. ¿Quién es el cantante?

No me he enterado de lo que dice la letra. ¿Qué están diciendo?

También puede hacerles alguna pregunta, acerca de temas que a ellos les interesa.

¿Cómo va tu equipo?

¿Has visto últimamente alguna película buena?

Tanto si las respuestas son cortas o largas, no se olvide de agradecerles y también de hacerles ver que les está escuchando. Algunos adolescentes se abrirán enseguida, otros puede que no lo hagan, pero si mantiene el hábito de mantener una conversación, de forma habitual con ellos que no implique decirles lo que tienen que hacer o regañarles, se mostrarán más dispuestos a compartir parte de su vida con usted.

Los adultos que están enseñando o entrenando a gente joven, pueden utilizar preguntas para ayudar a aprender, involucrar a los alumnos, revisar un ejercicio o evaluar los conocimientos adquiridos. Puede comprobar cómo van los estudiantes con preguntas como:

¿Qué te ha parecido el ejercicio?

¿Qué has aprendido de eso?

¿Cómo te parece que ha estado?

¿Cómo vas hasta ahora?

¿Cómo crees que te ha salido?

¿Cómo podríamos mejorarlo la próxima vez?

Estas preguntas invitan a la reflexión y dan una idea de cómo los estudiantes están respondiendo.

No haga preguntas que requieran mucha reflexión cuando haya una limitación de tiempo o el alumno se encuentre en mitad de la realización de una tarea, ya que esta interrupción les causará presión y les evitará el poder tener las ideas claras. En esta situación sólo necesitan una breve pauta a seguir, para que se puedan acordar de lo que tienen que hacer.

En lugar de decir: ¿Qué te he dicho que tenías que hacer?

Decir: Tienes que hacer x.

Cuando haya tiempo para la reflexión, las preguntas se pueden utilizar para animar a la autoevaluación.

¿Qué crees que hiciste bien?

¿Hay algún área que quieras mejorar?

Pero si hay algo concreto que quiere que un alumno sepa, normalmente es más efectivo proporcionar directamente una respuesta que aclare el concepto al alumno, que el hacer preguntas pensando que el alumno va a llegar a la conclusión «acertada».

Se pueden utilizar preguntas de «control» para ayudar a los alumnos a estar concentrados, conseguir un acuerdo o conocer su opinión.

¿Me vais siguiendo hasta ahora?

¿Veis lo que quiero decir?

¿Estáis de acuerdo con esto?

¿Está claro?

Escuchar y responder a lo que digan, sobre todo si es negativo. Es mejor conocer lo que piensan, que asumir de forma errónea, que todos están entendiendo y que más adelante aparezcan problemas.

Responder a las preguntas

Los adultos cometen con frecuencia, el error de reaccionar de forma negativa ante las preguntas de la gente joven, en lugar de dar una respuesta clara.

Pregunta: ¿En qué posición estoy yo?

En lugar de decir: Tenías que haber estado escuchando cuando lo estaba diciendo a todo el mundo.

Decir: Tú estás haciendo x. / Me gustaría que te pusieras allí.

Pregunta: ¿Dónde está mi chaqueta?

En lugar de decir: ¿Es qué no puedes cuidar de tus cosas?, ¿Tengo que seguir yo preocupándome de todo?

Decir: En tu habitación.

O bien: No lo sé. Mira en tu habitación.

Cuando la gente joven pide permiso para hacer alguna cosa, es muy común que se de cuenta que en la mayoría de las ocasiones, contesta con un «no». En lugar de decirles, lo que no pueden hacer, intente decirles lo que si pueden hacer.

Pregunta: ¿Me puedo quedar a dormir en casa de Tote esta noche?

En lugar de decir: No/Hoy no.

Decir: Creo que no es una buena idea entre semana,

mañana tienes clase, pero si quieres te puedes quedar el viernes o sábado.

Pregunta: ¿Me puedes comprar unas zapatillas nuevas de deporte?

En lugar de decir: No/ Hoy no /¿Tienes idea de lo mal que estoy de dinero en este momento?

Decir: Te las compro cuando acaben las vacaciones.

O bien: Puedo darte 25€, tú tendrías que poner el resto.

A partir aproximadamente de los quince años, los adolescentes pueden mostrar un profundo interés en cuanto a cuestiones filosóficas profundas y a menudo son muy idealistas. Algunos desarrollan un interés por la religión o por la ciencia; a otros les preocupan los problemas globales; otros cuestionan las creencias y prácticas ortodoxas; otros experimentan con sistemas de creencias no convencionales.

Mientras que los chicos más pequeños podrían conformarse con respuestas sencillas a estas preguntas, los adolescentes necesitan indagar en estas preguntas y buscar respuestas, para llegar a sus propias conclusiones, que más tarde pueden desarrollar o bien cambiar. Trate sus opiniones con respeto; escuche y trate de informarse acerca de su forma de pensar, de sus ideas; con tranquilidad puede hablarles de sus propias ideas, creencias y observaciones, en el momento y lugar apropiado.

La verdad es que esa, es una una pregunta interesante. ¿Has conseguido llegar a alguna conclusión?

Esto es lo que yo pienso. ¿Qué te parece?

La experiencia que yo tengo...

Antes yo pensaba que... Ahora creo que...

Para mí lo fundamental es...

La gente joven necesita un lugar que sea seguro, donde puedan explorar sus ideas, donde no se sientan agobiados con charlas o sean juzgados y no se les desprestigie si después cambian de opinión. Si usted puede ofrecerles un espacio donde se den estas características, entonces estará ofreciéndoles un santuario que les servirá como un buen lugar de referencia en su trayectoria hacia la edad adulta.

Resumen: Tratar con preguntas

— Formular las preguntas con cuidado

— Reconocer la respuesta que le dan, para hacerles ver que les ha escuchado

— Utilizar una frase como introducción a una pregunta que muestre su buena intención

— Responder a las preguntas con una respuesta breve

— Permitir a los adolescentes que hagan más preguntas

Dar feedback

La imagen que los adolescentes tienen de sí mismos y la conducta que van adoptando, están muy influidas por los comentarios que reciben a lo largo de su desarrollo como personas.

Cuando las personas se sienten queridas, en general se perciben a si mismas como que gustan a los demás; si tienen éxito, se percibirán como que son capaces. Esta percepción de si mismos afecta a su conducta: las personas que se sienten bien consigo mismas en general no presentan problemas de conducta; las personas que no tienen una buena imagen de sí mismas o se sienten mal consigo mismas es más probable que adopten una conducta conflictiva.

El hecho de poner etiquetas, como por ejemplo, «problemático», «imposible», «desastre», desde una edad temprana, condiciona a que los demás, tengan esa imagen negativa de estos chicos, incluso sin conocerles, sólo por lo que han oído, con lo cual, esta persona es muy probable que se convierta, en lo que se les ha estado adjudicando desde pequeños.

La mayoría de las características de la personalidad tienen una parte positiva y otra negativa: alguien que tiende a expresar abiertamente la verdad, puede que también sea insensible con los sentimientos de las otras personas; el líder de un grupo es capaz de aprovechar la energía de sus compañeros; los adolescentes que practican monopatín en áreas urbanas pueden ser vistos como antisociales y peligrosos o también como hábiles y valientes.

Cuánto más adultos vean y fomenten lo mejor en los adolescentes; más adolescentes serán capaces de desarrollar lo positivo y lo mejor de su personalidad.

Alabanzas, elogios

Con frecuencia los adultos utilizan expresiones como: ¡bien!, ¡fantástico!, ¡eres un genio! para dar feedback. La mayoría de los adolescentes responden bien a este tipo de feedback y hace que se sientan bien. Sin embargo, no les proporciona una imagen clara sobre sí mismos – ¿qué es exactamente lo que les hace sentirse buenos, fantásticos o genios?

Los adolescentes pueden tener una idea más clara si el feedback es más concreto.

Sé que puedo confiar en ti para ordenar el equipo y colocarlo correctamente.

Desde luego que se ve lo bien que sabes utilizar los programas del ordenador.

¡Me parto de risa contigo!

Ha sido muy valiente por tu parte el ponerte de pie delante de ellos.

Todo el mundo ha trabajado mucho para hacer que esto sea un éxito.

Cuanto más específico sea, más claramente entenderán qué es exactamente lo que están haciendo bien.

Gracias por colocar los platos en su sitio.

Te he visto que has estado practicando todos los días de la semana. Estás mejorando día a día.

Has hecho tus deberes del instituto, cuando has terminado has salido con tus amigos. Qué bien ver que eres responsable con la organización de tu tiempo.

El hecho de haber sido honesto en decirme que has roto la ventana, significa que podemos buscar una solución sin que me tenga que enfadar.

Me he dado cuenta que te preocupabas por Ivi. Es un buen detalle.

El equipo no se tiene que poner agresivo, incluso cuando está claro que no vamos a ganar.

El ser concreto también ayuda a evitar la carga de expectativas poco realistas. Alguien, a quien siempre se le ha dicho que es inteligente, le puede costar aceptar que haya veces, que no entienda algo y a alguien que se le vanagloria por ganar siempre, se puede tomar muy mal una situación en la que pierde.

Hay veces que la autoestima de un adolescente es tan baja que no acepta el halago.

Adulto: Eres muy bueno haciendo eso.

Joven: ¡No, no lo soy. Soy una mierda!

El ser específico evita ese desacuerdo.

Me gusta la forma en que el amarillo armoniza con el verde en tu dibujo.

Mantienes el equilibrio en el monociclo sin agarrarte a nada. La mayoría de la gente tarda un montón de tiempo antes de poder llegar a mantener el equilibrio.

Busque una etiqueta positiva para el comportamiento que acaba de presenciar.

*Has hecho todos los deberes sin que te lo haya tenido que recordar. Se necesita **auto-disciplina** para hacer eso.*

*Gracias por ceder tu asiento. Es agradable ver que hay **gente cortés** en estos tiempos.*

*Ha sido muy **valiente** por tu parte el mantener tus principios en el debate, incluso cuando tus amigos te lo estaban haciendo pasar mal.*

Si le dice a la gente joven, lo que le gusta de ellos, se sentirán reconocidos y van a querer seguir manteniendo ese prestigio. Pero hay veces que existen pocos motivos para halagar; puede que tenga que echar mano del pasado para encontrar algo que comentar.

¿Te acuerdas cuando ayudabas en la tienda de golosinas? Los niños más pequeños te admiraban.

La Sra. Rosa dijo que sacabas a pasear a su perro todas las semanas. Dice que tienes una habilidad especial para los animales.

O podría describir *alguna característica cercana* al comportamiento que desea.

A alguien que evita ayudar en casa:

Gracias por poner tu ropa en la cesta de la ropa para lavar.

A alguien que suele llegar tarde:

Has llegado cinco minutos antes que ayer.

A alguien que a menudo es maleducado:

Me he dado cuenta cómo te has comportado con la visita. Estoy seguro que se han sentido bienvenidos.

Al hacer esto, generalmente sucede algo inesperado, el adolescente se mueve hacia la dirección que usted desea, es decir, que sea más amable, puntual o educado. Esta es una técnica muy potente y que vale la pena practicar.

¿Si describir lo que los adolescentes hacen bien refuerza conductas positivas, describir lo que hacen mal refuerza los comportamientos negativos? Posiblemente. Para obtener el comportamiento que queremos de los adolescentes, en el hogar, en la escuela, en la comunidad y en la sociedad, los adultos tienen que observar y decirles a los adolescentes lo que están haciendo bien.

> **¡Vaya por ahí atrapando gente joven haciendo las cosas bien!**

Critica constructiva

La gente joven también necesita recibir feedback cuando hacen las cosas mal. Las frases se deben hacer, de tal forma que las puedan asimilar; de lo contrario, no habrá ninguna diferencia o las cosas simplemente empeoraran.

Deje claro que lo inaceptable es el *comportamiento*, no la persona.

En lugar de decir: ¿Cómo te atreves a ser tan insolente!

Decir: La forma en como lo expresaste fue muy desagradable.

En lugar de decir: Tú no eres nada más que un acosador. ¡Debería darte vergüenza de ti mismo!

Decir: Me gustas Paca, pero no me gusta la forma en que tratas a tus amigos.

**Criticar la <u>conducta</u>
no la persona**

Lo que usted describe, es lo que más va a obtener, por lo que debe *describir* lo que quiere conseguir, en vez lo que no quiere.

En lugar de decir: ¡Eso es una sarta de mentiras. No me creo nada de lo que me estás contando!
Decir: Quiero creerte, necesito que me digas la verdad.

En lugar de decir: No quiero tramposos en mi equipo.
Decir: Quedaros en vuestro sitio sin moveros, así es más difícil para ellos pillar el balón.

En lugar de decir: Espero que no seas maleducado con los vecinos.
Decir: Espero que todos los que vivimos en la calle seamos educados con los vecinos.

En la adolescencia una de las características es el no reaccionar bien a las charlas. Sea concreto y específico.

Te he dado dinero y no me has dado el cambio.
Tienes tu habitación con ropa por todo el suelo.

Merece la pena ver la parte positiva de las características que los jóvenes muestran y valorar si se pueden fomentar.

Tus amigos escuchan lo que dices; está claro que tienes cualidades de liderazgo. Tienes que tener cuidado con lo que les animas a hacer.

Estoy decepcionado, no me has dicho que ibas a llegar tarde a casa. Pero después de pensarlo, es la primera vez que no llegas a tu hora desde hace tiempo. Esto significa que en general se pueda confiar en ti.

Hay algunas características que son más difíciles de apreciar de forma positiva que otras, pero éstas pueden ser las que más valga la pena destacar y potenciar. Una persona que es desagradable con un adulto, puede que sea *valiente* porque se ha atrevido a hablar abiertamente; alguien que se mete en peleas podría tener un gran *sentido de la justicia*; alguien que es astuto puede ser *inteligente* y alguien que miente puede ser *imaginativo* o tener un gran *instinto de supervivencia*. Esta es una visión de la conducta más amplia y generosa, pero por supuesto, no significa, que se pueda tolerar el mal comportamiento.

Tienes una mente muy ágil, pero todavía no dominas el tener tacto a la hora de hablar. Lo que has dicho está totalmente fuera de lugar.

A veces los adolescentes necesitan ser conscientes sobre el efecto que causan en los demás.

En lugar de decir: Has dejado tu habitación en tal estado de desorden, que esta noche no te voy a dejar salir.

Decir: Cuando he visto como has dejado tu habitación, me he quedado asustado y por supuesto me he enfadado y me ha decepcionado.

Si la gente joven se siente culpable se pondrá a la defensiva. Hacer comentarios basados en hechos que hayan ocurrido, de esta forma estarán más dispuestos a escuchar y aprender de lo ocurrido.

En lugar de decir: ¡Eres tan egoísta que al final me tengo que enfadar!

Decir: Cuando llegue la factura con un importe muy alto me preocupa como la vamos a pagar.

Mostrar hechos, no opiniones

Asegúrese que entienden el problema.

En lugar de decir: Tienes una actitud muy mala.

Decir: Cuando llegas tarde da la impresión que no respetas lo que hemos acordado.

Recordar a los adolescente las veces en las que anterior-mente han mostrado cualidades positivas, esto puede ayudar, siempre y cuando no les desanime.

A alguien que está tratando de no ayudar a:

En lugar de decir: Antes solías ayudar mucho, ahora te has vuelto vago y egoísta.

Decir: Me acuerdo cuando tenías once años y me
ayudabas a barrer. Siempre querías pasar la mopa y si no
te dejaba te enfadabas.

Crear y fomentar la autoestima

La adolescencia trae consigo momentos de angustia y de dudas acerca de uno mismo, aún cuando los adolescentes quieran presentar una imagen de cara al exterior, como seguros de si mismos, temerarios o sofisticados. Para muchos de ellos su principal preocupación es su apariencia física, su aspecto físico, su capacidad mental, su sexualidad y el lugar que ocupan entre sus compañeros. Su confianza aparente, puede enmascarar confusión en el interior.

Si una persona joven tiene una mala imagen de sí mismo, entonces es muy probable que no se crean las alabanzas o elogios, a menos que éstas se basen en hechos reales.

En lugar de decir: ¡Ese conjunto te queda muy bien!
[¡No, no me queda bien, estoy gorda y fea!]
Decir: El color de la ropa que llevas te favorece.

No discuta por la visión negativa que tienen de si mismos; sólo tiene que crear la prueba de lo contrario.

En un barco, cuando se está enseñando a enrollar una
cuerda:
Adolescente: ¡Soy un inútil haciendo esto, pida a otra
persona que lo haga!

En lugar de decir: ¡No eres un inútil!

[¡Sí, si que lo soy!]

O: Es muy sencillo, mira te enseño.

[¡Si es tan fácil, entonces yo debo ser inútil!]

O: Todo el mundo lo ha hecho.

[¡Yo no!]

Decir: Es complicado. Mira cómo lo hago. Ahora intentalo tú.

Entonces: Sí, está bien, asegúrate que las bobinas tienen más o menos el mismo tamaño.

Entonces: ¿Ves?, lo vas dominando.

Entonces: ¡Perfecto!

Puede ayudar a los adolescentes a crear y fomentar una imagen positiva de sí mismos con una descripción de las cosas positivas que han hecho.

Sé que te ha parecido difícil, pero de todas formas lo has intentado. Admiro el hecho, de haber intentado algo que te parece difícil.

Y, a continuación, ponga una etiqueta positiva en lo que describe.

Ha sido muy valiente por tu parte aceptar que has podido hacer eso.

Has estado dibujando bocetos, hasta que has conseguido lo que tú querías. ¡Veo que eres un poco perfeccionista!.

Puede ayudar el referirse a algo que han hecho bien.

A alguien que no quiere probar una nueva actividad:

¿Te acuerdas cuando estabas aprendiendo a patinar?. A pesar de caerte, seguiste practicando. Hasta que de repente pudiste patinar sin caerte.

Cuando las personas actúan por debajo de su potencial, es más fácil hablar de lo que *no* hacen, más que de ese potencial que usted ve en ellos. El resultado es que adopten el comportamiento del que se les acusa: una niña a la que se le dice que es perezosa se queda bloqueada y no hace nada; un niño al que se le dice que es torpe, se autoconvence y lo que se consigue es que se sienta incómodo consigo mismo. Tenga una foto de ellos cuando estaban haciendo algo de lo que se sienten orgullosos y a continuación de forma sútil invítelos a que se mantengan a la altura de lo que se muestra en esa foto.

A alguien con una capacidad artística utilizada muy pocas veces:

Necesitamos unos carteles para anunciar el evento. ¿Los puedes hacer tú?.

A una persona con facilidad para la mecánica:

No hay nadie que pueda arreglar esto. ¿Te importaría hacerme el favor de echarle un vistazo?.

Si usted demuestra que tiene confianza en ellos, a menudo los adolescentes actúan demostrando que si pueden hacer lo que se espera de ellos.

A una persona que no lo está intentando en el instituto:
Creo que lo podrías hacer muy bien en esta asignatura.

A alguien que se prepara en el último minuto:
Sé que te gusta llegar a tiempo, así que, ¿por qué no dejas tus cosas preparadas cinco minutos antes de la hora que tienes que salir.

A los adolescentes en el parque:
Estoy seguro que vais a echar un vistazo a los más pequeños para que no les pase nada.

Al tratar a los adolescentes como si tuvieran las características que deseamos que formen parte de ellos, les ayudaremos a que vayan tomando forma en la persona que queremos que sean.

Resumen: Dar feedback

– Hablar de lo mejor de un adolescente

– Centrarse en lo positivo

– Facilitar hechos, no juicios

– Reconocer los pasos en la dirección correcta

– Atrapar a los jóvenes haciendo las cosas bien

Expresar sentimientos

La adolescencia es una etapa de emociones. Con las hormonas a la carrera, es muy fácil que los sentimientos se descontrolen. Los adultos pueden ayudar a los adolescentes a que reconozcan y puedan así controlar sus sentimientos y no dejar que sus propios sentimientos añadan más leña al fuego.

Las emociones en los adolescentes

Los adolescentes son un manojo de emociones. Si bien no suelen compartir sus sentimientos con los adultos, aún así, podemos notar lo mal que lo pasan en esa montaña rusa emocional, donde están montados. Hablar de sentimientos, sin llegar a entrometerse en su vida personal, les puede ayudar en ese paseo.

Cuánto más nervioso estés acerca de algo, más valor se necesita para hacerlo.

Estoy seguro que estás orgulloso de ti mismo!

Muy bien por superar la vergüenza y preguntarles otra vez.

Que la gente joven reconozca sus emociones les permite aceptarlas y poder continuar. No necesitan que usted solucione sus problemas, pero les ayuda el saber que hay alguien que entiende cómo se sienten.

A alguien que no ha sido elegido para una posición:

Tienes que estar decepcionado porque no te han seleccionado.

A alguien que tiene problemas con el ordenador:

Cuando los ordenadores no hacen lo que se les pide es de lo más frustrante.

No se preocupe si usted define de forma errónea una emoción, enseguida le corregirán.

Adulto: Tienes que estar bastante molesto porque tus amigos no han aparecido.

Adolescente: ¡No estoy molesto, estoy enfadado! Me prometieron todos que vendrían.

Su empatía puede ayudar a que ellos reconozcan sus verdaderos sentimientos.

Adulto: Si fuera yo, me daría miedo tener que mudarme a otra parte del país.

Adolescente: ¿Miedo? ¡Estoy aterrorizado!

Mientras que cualquier sentimiento puede ser aceptado, hay ciertos comportamientos a los que se les debe poner un límite.

Entiendo que estés enfadado por esto, pero trata de hablar de ello sin blasfemar.

> **La agresión puede estar enmascararando emociones más profundas**

El estar enfadado o de malhumor puede estar ocultando emociones tales como incompetencia, humillación, rechazo o miedo. Si observa esto, intente actuar con tacto.

En lugar de decir: ¡Sólo porque no estás en el equipo, no tienes por qué tomarla con todo el mundo!
Decir (en privado): ¿Estás enfadado por no estar en el equipo?

Trate de identificar la emoción que pueda existir detrás de ese comportamiento.

A alguien que vandaliza un club o polideportivo después de haberle prohibido el acceso y el uso de las instalaciones:

Para haber hecho eso, te debes haber estado sintiendo realmente herido y mal.

Algunas preguntas pueden ayudar a averiguar cómo se sienten los adolescentes.
¿Echas de menos a tus amigos?

¿Te sientes cómo que nadie te escucha?

¿Estás decepcionado porque tú no vas?

¿Te sientes cómo que te están continuamente controlando?

Hay momentos en los que los adolescentes se sienten con miedo, presionados o incapaz y utilizan de forma inconsciente mecanismos de evitación. Esa aparente pereza podría estar ocultando una sensación de agobio.

En lugar de decir: ¡Si no estudias para los exámenes, vas a suspender!

Decir: ¿Estás agobiado porque tienes los éxamenes a la vuelta de la esquina?

En algún momento los adolescentes experimentarán el enamorarse, los celos o el rechazo. Los cambios en el estado de ánimo no sólo pueden ser causados por los niveles de las hormonas, sino también por la vida amorosa del adolescente. Considere el ser un poco tolerante en estas situaciones.

En lugar de decir: ¡Podías contestar cuando se te habla!
[Ella contesta con unas palabras muy escogidas.]

Decir: Hoy no estás como normalmente eres tú. ¿Te pasa algo?

Si bien la gente joven es poco probable que quieran entrar en detalles, no obstante, es posible que puedan tener cierta empatía con el adulto.

Adulto: ¿Qué tal está Ivi?
Chico: Ya no salimos juntos.
Adulto: Uy. Creía que te gustaba mucho.
Chico: Me ha dejado.

Adulto: Eso tiene que doler mucho.
Chico: Sí, si que duele.

Un acercamiento buscando empatía demuestra que usted está ahí si le necesitan.

Las emociones en los adultos

Cuando el comportamiento de la gente joven parece irracional, las emociones de los adultos también pueden mostrarse un tanto fuera de control. Si mezclamos esto con las emociones sin «educar» de los adolescentes obtendremos un cóctel tóxico. Por muy irracionales que los adolescentes puedan parecer, tenemos que recordar que somos nosotros los responsables de dar ejemplo. El que somos nosotros, los adultos y que es de nosotros de quien van a aprender cómo lidiar con sus emociones. El primer paso es saber expresar nuestras emociones en palabras.

Se le ha pedido a un chico adolescente que recoja la mesa después de la cena, ésta es una de las tareas domésticas que tiene que hacer. Un poco más tarde, su padre ve que los platos están todavía en la mesa y grita con ira al chico para que haga la tarea encomendada. Su hijo le grita de vuelta. El padre se queda callado por un momento y más tarde le dice: Si quieres que te diga la verdad, no estoy enfadado porque no has recogido la mesa, estoy decepcionado porque después de todo este tiempo, todavía hay que recordarte que hagas tus tareas.
El chico recogió la mesa sin hacer más comentarios.

A algunas personas les preocupa que si expresan cómo se sienten, piensan que las cosas se van a complicar y se puede crear un mal ambiente. Sin duda, esto puede suceder y algunas veces es más sabio no decir nada. Pero también se puede crear un mal ambiente por lo que *no* se dice. Expresar lo que se piensa y lo que se siente puede despejar el ambiente y hacer que todo el mundo pueda cambiar su actitud.

Las explosiones causadas por las emociones reprimidas se pueden evitar, si se expresa lo que se siente en el momento apropiado.

Me estoy poniendo nervioso por el nivel de ruido que hay.

Me pone enferma ver todo este desorden.

Me ha dado mucha vergüenza estar con la visita enseñándole la casa y oír como decias tacos.

Es importante que nosotros como adultos asumamos la responsabilidad de nuestras propias emociones y no culpabilizar a los adolescentes, porque la culpa causa resentimiento.

En lugar de decir: «Haces que me sienta...»
Decir: «Cuando haces... me siento... »

En lugar de decir: ¡Me enfadas, nunca escuchas lo que digo!
Decir: Cuando ignoras lo que digo, me siento enfadado.

En lugar de decir: No me valoras.
Decir: Cuando no me das las gracias, siento que no me valoras.

Contar anécdotas acerca de cómo usted maneja sus propias emociones, puede enseñar a los adolescentes, como pueden ellos manejar sus emociones:

Sabes que le tengo pavor a ordenar la buhardilla. He decidido que en lugar de afrontar todo el trabajo en una sóla vez, lo voy a hacer poco a poco.

Esta es la quinta noche que ha saltado la alarma del coche del vecino. Estaba que echaba humo, estuve a punto de ir a su casa a las 3.00 de la mañana a decirles exactamente lo que pensaba de ellos. Pero me di cuenta que probablemente diría algo de lo cual me arrepentiría más tarde, por lo que decidí esperar hasta el día siguiente, así tuve tiempo de calmar los ánimos y pensar mejor que decirles.

La gente joven también aprenderá de usted, cuando esté hablando de los sentimientos de otras personas:

La abuela estaba bastante molesta porque no hiciste lo que te pidió.

¿Crees que se asustó cuando hizo eso?

Se debe haber quedado hecho polvo cuando falló el penalti.

Es importante que las emociones descritas sean reales; de lo contrario los jóvenes no se las tomarán en serio o se sentirán manipulados.

Decir cómo se siente y continuar con otra cosa

Depresión

De vez en cuando uno se puede sentir con lo ánimos un poco bajos, los adolescentes necesitan aprender también a enfrentarse a los altibajos de la vida. Sin embargo, un estado de ánimo que pueda considerarse fuera de lo normal y que dure semanas puede resultar que sea una depresión, con el resultado de una falta de motivación y sentimientos de desesperanza.

Una de las causas de esta depresión puede estar causada por cambios importantes que afectan a su vida, tales como cambiar de casa o de instituto, el duelo por la muerte de alguien, el divorcio de sus padres, el tener que aceptar a la nueva pareja de uno de sus padres; por las preocupaciones acerca de las relaciones con su pareja, su apariencia, su sexualidad o el dinero, o por la presión que sufre por parte de sus compañeros, de sus padres o del instituto.

Algunos de los síntomas de la depresión en los adolescentes son:

- Disminuye el rendimiento escolar
- Aislamiento social en casa o en el colegio
- Insomnio o sueño excesivo
- Falta de concentración/ memoria pobre
- Dolores de estómago/ dolor de cabeza/ malestar
- Apatía/ fatiga
- Pérdida o aumento del apetito
- Agresión
- Abuso de alcohol o drogas

Si sospecha que existen síntomas de depresión, busque ayuda profesional. Si la depresión clínica se deja sin tratamiento, puede durar varios meses o incluso años y está asociada a que haya riesgo de suicidio.

Solicite asesoramiento a su médico, quién le puede referir a un terapeuta profesional. También puede que haya un servicio de asesoramiento en su colegio o instituto. Este es un momento en que es posible que necesite dar un empuje a su hijo adolescente con suavidad pero con firmeza para pedir y recibir ayuda.

Resumen: Expresar sentimientos

– Reconocer los sentimientos de los adolescentes

– Hablar de sus propios sentimientos y de los sentimientos de otros

– Asumir la responsabilidad de sus propios sentimientos

– Cualquier sentimiento puede ser aceptado; ciertos comportamientos tienen que tener un límite

Cómo dejar de regañar y gritar

A nadie le gusta que le estén regañando o gritando y la forma de responder de la gente joven al adulto es hacer oídos sordos o desconectar de lo que se les está intentando decir o transmitir.

Parte del trabajo de un adulto es formar a la próxima generación; pero los adolescentes no siempre se van a acordar de hacer lo que usted les pide que hagan y por lo tanto necesitan que se les recuerde con frecuencia lo que tienen que hacer. Tenemos que tener cuidado a la hora de recordarles lo que tienen que hacer y evitar que ese momento se convierta en reproches y por lo tanto, esa frustración se convierta en gritos.

Para evitar regañar y gritar:

- **Limitar lo que se dice**
- **Mantener una actitud positiva**

Utilizar un gesto

La mejor forma de limitar lo que usted dice, es no decir nada.

Usted quiere que alguien se calle:
Ponga un dedo en los labios, o haga que «echa la cremallera» de los labios.

Alguien entra en casa con las zapatillas de deporte sucias:
Señale las zapatillas y haga un gesto.

Alguien está sentado encima de la mesa:
Haga un gesto que indique que se quite de la mesa.

Una de las normas acordadas se incumple:
Señale el cártel donde está escrita esa norma.

A menudo ayuda, realizar el gesto con un toque de humor. Una vez conocí a un profesor que trabajaba en una unidad especial para adolescentes, este profesor utilizaba la estrategia de taparse la nariz cuando pensaba que olía a «mentira». Los estudiantes se reían, pero sabían que habían sido pillados.

Limitar lo que se dice

Se olvidan con frecuencia su almuerzo,
Decir: Almuerzo

Cuando mastican chicle donde no está permitido,
Decir: Chicle

Es la hora de hacer los deberes,
Decir: Deberes

El cinturón de seguridad del coche no lo tiene puesto,
Decir: Cinturón

Dar información

Sea claro y objetivo.

En lugar de decir: ¡Este cuarto parece una pocilga! ¡Ven aquí ahora mismo y ponte a limpiarlo!
Decir: Coloca en su sitio la ropa que está en el suelo.

En lugar de decir: ¿Quien ha dejado la cocina tan sucia?
Decir: Quien haya utilizado la cocina que la limpie.

En lugar de decir:¡Otra vez tarde!
Decir: Esta es la segunda vez que has llegado tarde esta semana.

En lugar de decir: ¿Por qué no has hecho los deberes?
Decir: Esos deberes son para mañana.

Describir lo que ve o escucha puede ser suficiente.

En lugar de decir: ¡Vale, se acabó!. Te dejo invitar a tus amigos y no dejas dormir a nadie por el ruido que hacéis en tu habitación. ¡No pienses que te voy a dejar traer a nadie más, a dormir a casa!.
Decir: Se oye la música de tu cuarto desde mi habitación.

Expresar expectativas positivas

Cuando las expectativas no se cumplen, es conveniente explicarlas de nuevo.

En lugar de decir: ¡Mira como está tu habitación!
Decir: Espero que limpies cuando termines.

En lugar de decir: ¡No me puedo creer lo vagos y desagradecidos que soys!
Decir: Espero que todos ayudéis a colocar las herramientas en su sitio después de terminar.

En lugar de decir: ¿Qué tengo que hacer para que llegues a tu hora?
Decir: Cuando quedamos a una hora, espero que la respetes.

Volver a explicar las normas recordará a la gente joven las expectativas que se tienen de ellos.

En lugar de decir: ¡Cómo te atreves a usar el lenguaje de esa forma!
Decir: Aquí tenemos una norma que es: no decir tacos.

Decir lo que se necesita que se haga

Centrarse en la solución, más que en el problema.

En lugar de decir: ¡Estoy harto de tener que decirte que hagas los deberes! ¡No creo que hoy, vayas a salir con tus amigos!

Decir: Tan pronto como hayas terminado los deberes te puedes ir a ver a tus amigos.

En lugar de decir: ¡Deja de dar patadas tan fuertes al balón; vas a romper alguna cosa!
Decir: Da patadas más flojas al balón.

Póngalo por escrito

La palabra escrita puede ser muy eficaz. Da tiempo a los adultos a pensar lo que hay que decir y a los adolescentes les da un espacio para que lo consideren.

Una nota en la puerta:
Dejar fuera las zapatillas sucias.

Poner en el tablón de anuncios un recordatorio antes de una salida:
Estar mañana a las 9.00 horas en el aparcamiento.
Traer comida preparada para llevar y una chaqueta.

Un anuncio en el parque:
Depositar la basura en la papelera. Gracias.

Una nota sobre la cama:
Voy a poner la lavadora mañana. Antes de irte a la cama, pon tu ropa sucia en el cesto de la ropa para lavar. Besos

Resumen: *Cómo dejar de regañar y gritar*

– Utilizar un gesto

– Limitar lo que se dice

– Dar información

– Expresar expectativas positivas

– Decir lo que se necesita que se haga

– Póngalo por escrito

Evitar el conflicto y las discusiones

A veces la comunicación con los adolescentes se intensifica y se convierte en conflicto. Se necesitan dos personas para que se cree tal conflicto y si un adulto está involucrado, como adultos somos nosotros los que debemos tener la capacidad y madurez para evitar o apaciguar la situación.

Los jóvenes según van creciendo y hasta llegar a ser adultos, quieren ser tratados como personas adultas. Si notan que no están siendo tratados como tales, van a pelear por conseguir que se les reconozca. Si el adulto percibe esto, como una amenaza a su autoridad e intenta mantenerles en su lugar, surge una competencia malsana, que terminará en enfrentamiento y discusión, e incluso puede terminar en un enfrentamiento físico.

Los adultos pueden evitar estos enfrentamientos adoptando un enfoque que no sea conflictivo.

En lugar de decir: ¡Si quieres ser tratado como un adulto, comportate como tal!

Decir: Sí, es hora de que se te trate como a un adulto. Tal vez deberíamos hablar de lo que eso implica.

Desafiar a los adolescentes en forma de enfrentamiento, puede provocar una respuesta con un comportamiento desafiante; el adoptar una forma de acercamiento que evite el enfrentarse, hace que sea más probable que se consiga una respuesta más positiva.

En lugar de decir: ¡Quita ese jodido ruido o llamo a la policía!

Decir: ¡Te oigo desde el otro lado de la calle, podías bajar ese ruido!

Si acorrala a alguien en una esquina, normalmente la forma de reaccionar será peleando, en parte porque se sienten atrapados y en parte porque no quieren perder su orgullo. Permita a los adolescentes salvar su orgullo, dándoles una salida honorable.

En lugar de: humillarles enfrente de los demás

Diga muy bajito: Te he visto.

En lugar de: insistir en tomar unas medidas determinadas.

Ofrecer opciones: ¿Quieres arreglar lo que has estropeado o quieres pagar a alguien para que lo arregle?

O: Creo que eso se merece una disculpa. Piensa que prefieres, si pedirles disculpas a ellos cara a cara o escribirles una carta.

En lugar de: estar controlando o ponerse pesado sobre un asunto en particular.

Utilice el sentido del humor: ¡El próximo que entre aquí con los zapatos llenos de barro, va a ponerse a andar con las manos!

A los adolescentes hay que darles una salida honorable

Algunos jóvenes buscan el conflicto de una forma activa, porque disfrutan el «subidón» que ese conflicto les da. No caiga en la trampa, dejándoles que le provoquen y por lo tanto, se haga partícipe en la pelea que ellos están buscando.

Cuando las cosas vayan mal, intente «rebobinar» y luego, reproduzca la situación de una manera diferente.

Una chica llega tarde y usted se enfrenta a ella. La chica pierde las formas y le empieza insultar.

Decir: Ninguna de los dos lo hemos hecho bien. Creo que tenemos que rebobinar. ¿Por qué no sales fuera, vuelves a entrar y yo lo intento de nuevo?.

Una vez que los adolescentes entiendan la técnica, ellos mismos la pueden utilizar.

Lo siento, no quería ser grosero. Voy a rebobinar.

Se puede obtener un resultado similar con la técnica «corte» y «toma dos».

Cuando las cosas se calientan, es muy fácil decir o hacer cosas de las que usted más tarde se puede arrepentir. Tómese unos segundos para dar un paso hacia atrás y pensar antes de hacer o decir nada. Esos pocos segundos pueden ser la diferencia entre conflicto y cooperación.

Si usted, dígamos, que se pasa de la raya, entonces debe ser lo suficientemente valiente para pedir disculpas. Esto no sólo apacigua la situación, sino que también es un buen ejemplo.

También puede apaciguar la situación reconociendo lo que el adolescente está diciendo.

Adolescente: ¡Usted no me puede decir qué es lo que tengo que hacer, no es mi padre!

Adulto: No, no soy tu padre. Pero me gustaría que en casa fueras respetuoso.

Es una buena política no recordar el pasado. Tratar sólo con los problemas a los que se enfrentan en el presente.

En lugar de decir: ¡No tenía que haberte traido, siempre echas todo a perder! La última vez estropeaste la salida al cine y ahora estás fastidiando la partida de bolos.

Decir: Deja los bolos en el suelo hasta que sea tu turno.

No caiga en la tentación de hacer comparaciones.

En lugar de decir: Tu hermano no necesitaba que estuviera todo el tiempo a su lado para que hiciera los deberes. ¿Por qué no sigues su ejemplo?.

Decir: ¡Es muy desagradable para mí tener que estar recordándote que hagas los deberes!. Vamos a sentarnos y ver de que forma puedes conseguir tener hechos tus deberes sin que yo tenga que agobiarte todo el tiempo.

Si un adolescente se encuentra bajo los efectos de las drogas o el alcohol, puede estar más perceptivo a un desaire y ponerse muy agresivo. Evitar el conflicto usando firmeza y amabilidad.

Cuando en un hogar hay muchos conflictos, a veces los padres ponen punto final a sus ataduras y le dicen al adolescente que se vaya de casa. Esto generalmente sucede cuando las emociones por ambas partes están a flor de piel; no es el momento de tomar una decisión tan importante.

> **Esperar hasta que todo el mundo se haya calmado antes de tomar decisiones importantes**

La gente joven necesita vivir en un lugar donde se les ofrezca el apoyo necesario hasta que llegue el momento en el que sean lo suficientemente maduros para irse de casa. Es importante y necesario que tengan este apoyo para mudarse de una casa a otra, sobre todo si sus padres están separados. Si una persona joven tiene que mudarse, esto se debería hacer tras un periodo de reflexión, discusión y planificación, con un periodo de prueba y un tiempo para examinar la situación.

Ser respetuoso con la gente joven no significa tolerar sus faltas de respeto, pero si significa abordar comportamientos irrespetuosos de forma respetuosa.

En lugar de decir: ¡¿Cómo te atreves a utilizar ese lenguaje delante de mis hijos?!

Decir: Mis hijos son un poco pequeños para oir ese tipo de lenguaje y además, para ser sincero contigo a mí tampoco me gusta oir ese lenguaje. La verdad es que te agradecería que no dijeras palabrotas cuando se te pueda oir. ¿Harás eso por mí?.

Cuantas más experiencias tenga la gente joven para prevenir y resolver los conflictos sin tener enfrentamientos, más adoptarán esas conductas de no enfrentamiento y las pondrán en práctica en su vida adulta.

Resumen: Evitar el conflicto y las discusiones

- Responder a los retos de un comportamiento sin enfrentamientos.

- Dar a los jóvenes una salida honorable

- Reconocer los sentimientos de ambas partes

- Cuando las cosas vayan mal, 'rebobine'

- Ser lo suficientemente grande para pedir disculpas cuando sea necesario

- No vivir en el pasado

PARTE III

SOLUCIÓN DE PROBLEMAS

Solucionar las dificultades

Cuando usted ha intentado todas las estrategias de comunicación que se le puedan ocurrir y las cosas aún no funcionan, tómese algún tiempo para encontrar el modo de abordar el problema, tal vez, con la ayuda de otros adultos o con la gente joven que está interesada.

Buscar la causa del comportamiento y ver si se puede abordar.

Problema: Los chicos no ayudan a organizar y recoger el club de jóvenes.

Razón: Tan pronto como se sacan los balones, se ponen a jugar al fútbol, en vez de ayudar.

Solución: Repartir los balones cuando esté todo listo y a la hora de recoger, guarde los balones primero.

Problema: Los jóvenes se reúnen de forma asidua en la puerta de un hogar de ancianos.

Razón: Un trozo de césped sin nada plantado es un buen lugar para jugar y pasar el rato.

Solución: Plantar un rosal en ese espacio de césped.

Problema: Una chica se pasa mucho tiempo en su habitación y se está separando de la familia.

Razón: Usa su equipo para hacer contactos sociales.

Solución: Hacer las comidas en familia a una hora determinada; elija DVDs para verlos en familia; en el router inalámbrico ponga un interruptor con temporizador.

Si busca un *motivo* posible detrás del comportamiento de la gente joven, eso le puede dar una idea para *motivarlos*:

Si no les gusta que les digan lo que deben hacer, lo más probable es que quieran tener un poco de control sobre su vida. Si les da algo de poder para tomar decisiones, esto puede que haga que cooperen más.

Si no quieren intentar experiencias nuevas, pueden tener miedo al fracaso; recordarles lo que se les da bien les puede dar seguridad para que intenten nuevas cosas.

Si están continuamente alardeando, puede que quieran que les reaseguren que son lo suficientemente buenos; decirles, sin que lo pidan, algunas palabras de elogio les puede reforzar su seguridad.

Búsqueda de atención

Para muchas personas la conducta de llamar la atención es muy molesta y a menudo la forma de responder a esta conducta es ignorándola, algunas veces esto funciona; en otras ocasiones empeora la situación.

Tener en cuenta lo que podría estar causando esta conducta. Puede que la persona que está tratando de buscar su atención, literalmente quiera y puede que necesite su atención. Prestarles la atención que necesitan puede solucionar el problema.

Pero a veces prestarles esa atención, simplemente hace que la conducta sea aún más irritante, de modo que es más recomendable prestarles atención *antes que* comienzen a exigirla. Cuando se dan cuenta que pueden obtener la atención que están buscando, abandonarán de forma gradual esa conducta de búsqueda de atención.

Pese a que el llamar la atención es molesto, tiene una parte positiva: de alguna forma, el adolescente es consciente de sus necesidades y busca satisfacerlas.

Sería mucho peor si no fueran conscientes de lo que necesitan y en su lugar se volvieran retraídos o cayeran en una depresión.

Negociar el ganar-ganar

A menudo hablamos de ganar y perder discusiones, pero es posible llegar a acuerdos en los que las dos partes salgan ganando. Para negociar un acuerdo ganar-ganar con los jóvenes, primero hay que escuchar atentamente cuáles son sus puntos de vista y tratar de entenderlos. Sólo cuando sientan que les han entendido, es cuando se mostrarán dispuestos a escuchar su punto de vista. Una vez que la escucha haya tenido lugar, encontrar una solución que sea aceptada por ambas partes es relativamente fácil.

- Escuchar sus puntos de vista
- Reconocer sus puntos de vista
- Explicar su punto de vista
- Explorar que opciones puede haber
- Encontrar puntos de acuerdo

El punto de vista de una adolescente: A todo el mundo le dejan salir hasta medianoche. Vosotros no confiáis en mí. Todo el tiempo me estáis controlando. Me tratáis como si fuera una niña pequeña.

Contestación de los padres: Sabemos que quieres quedarte hasta altas horas de la madrugada al igual que algunos de tus amigos. Puedo entender que si quiero que llegues más pronto, puede parecer que te estamos controlando y entiendo que quieras que confiemos en ti y que te tratemos como a un adulto.

El punto de vista de los padres: Cuando estás por ahí hasta tarde, me preocupa que te pase algo. También me preocupan tus estudios; este curso es muy fuerte y si estás muy cansada no lo vas a hacer tan bien como podrías.

Después de hablar acerca de ello. Quedan en que los viernes y sábados durante el curso, la adolescente puede salir hasta las once de la noche y durante las vacaciones hasta medianoche.

Hacer contratos

Con el objetivo de que las cosas funcionen, es necesario que existan normas y/o acuerdos que se mantengan. Dónde no haya un contrato, es necesario que se tome un acuerdo y si no se mantiene, hay que revisarlo y llegar a un nuevo acuerdo. Una forma de hacer esto es a través de un «contrato».

- Reunir a los jóvenes
- Decirles cuál es el objetivo o problema a resolver
- Preguntar: ¿qué acuerdos se lograrían con esto?
- Anotar lo que todo el mundo dice
- Preguntar si con esto se conseguirá el objetivo
- Añadir o modificar hasta que estén de acuerdo
- Preguntar de forma individual si se sienten preparados para cumplir con estos acuerdos
- Pedir que se involucren y que firmen
- Colocar el contrato en un lugar visible

Reunión creativa

Cuando un problema se da de forma recurrente o parece no tener solución, puede que una solución factible sea el tener una reunión creativa con los jóvenes.

- Elegir un momento en el que haya tranquilidad
- Escribir una descripción sencilla del problema
- Pensar en todas las soluciones posibles
- Anotar todas las soluciones sugeridas al problema; los adultos también aportan ideas

- No se pueden hacer comentarios hasta que todas las ideas estén escritas
- Hacer una valoración entre todos; si hay alguien que no está de acuerdo con una idea, se elimina; si todo el mundo está de acuerdo con ella, se aprueba
- Este es un buen momento para añadir más ideas o adaptarlas
- Hablar de las ideas hasta que se pongan de acuerdo en como resolver el problema
- Colocar estas ideas en un lugar visible

Sara era ya una adolescente, le parecía que era ya bastante mayor para tener una hora determinada, para irse a dormir. Todas las noches había discusiones. Una vez en la cama pasaba mucho tiempo hasta que se quedaba dormida. Por las mañanas estaba de mal humor y sin ganas de ayudar. Cada cinco o seis semanas tenía un resfriado y no iba al instituto. Sara quería estar al cargo de su vida y no entendía el tener que irse a la cama si no podía dormir.

Los padres pensaban que la falta de sueño estaba afectando a su estado de ánimo, su aprendizaje y su salud. Se sentaron los tres para pensar en ideas (brainstorming) que solucionaran esta situación y finalmente llegaron a un acuerdo, siguiendo un plan.

Se acordó que Sara se podía ir a la cama cuando ella quisiera, siempre y cuando se cumplieran las siguientes condiciones:

* *A las 20.30h, los deberes tenían que estar terminados.*
* *A las 21.30h, su TV y su ordenador tenían que estar apagados*
* *Después que todos se hubieran ido a la cama, no se tenía que oir ningún ruido que viniera de su habitación*
* *Sara se levantaba por la mañana y se iba al instituto sin que hubiera ninguna discusión*
* *No tuvo que faltar al instituto por estar enferma*

Si alguna de estas condiciones no se cumplían, entonces para los próximos tres días Sara tendría que estar en su habitación a las 21.00h, con las luces apagadas a las 21.30h.

Justicia restauradora

La justicia restauradora es un método para solucionar problemas cuando una de las partes es la víctima y la otra parte es el autor. Por lo general, el método a seguir, es mantener una conversación entre las personas implicadas y hay una tercera parte que es independiente.

Durante la conversación el autor explica por qué hicieron lo que hicieron, la víctima y otros describen el impacto que ha tenido en ellos y, a continuación, se presentan sugerencias sobre las acciones que el autor puede tomar para corregir los errores. Todos estos aspectos se analizan y se acuerda un plan.

Si una de las partes no quiere reunirse, entonces, se puede organizar un proceso similar con un mediador.

Estas son el tipo de preguntas que se formulan.

Preguntas al autor:

¿Qué ha pasado?

¿Qué estabas pensando en ese momento?

¿Desde entonces, qué has pensado acerca de lo sucedido?

¿A quién crees que le ha afectado?

¿Cómo les ha afectado?

A la víctima:

¿Cuál fue tu reacción en ese momento?

¿Cómo te sentiste acerca de lo que ocurrió?

¿Qué fue lo más difícil para ti?

¿Qué te gustaría sacar de esta reunión?

Este tipo de conversaciones permiten que el autor entienda las consecuencias de sus acciones, y da a la víctima la oportunidad de entender las circunstancias que rodearon al incidente, expresar sus sentimientos directamente al autor de la falta o delito y pedir una compensación adecuada. Esto podría implicar una disculpa; la reparación, sustitución o el pago por daños, o alguna forma de trabajo para la víctima o en la comunidad.

Resumen: Solucionar las dificultades

– Buscar la razón o el motivo de ese comportamiento

– Tomarse un tiempo para resolver el problema juntos

– Escuchar todos los puntos de vista

– Buscar puntos comunes de acuerdo

Enfrentar temas importantes

Los adolescentes necesitan de forma desesperada oportunidades para discutir los temas que les afectan. Si perciben que los adultos que están a su alrededor, les van a juzgar o les van a dar una charla, entonces se limitaran a discutir esos asuntos con sus amigos. Las conversaciones con los adultos les pueden proporcionar diferentes perspectivas que desarrollaran su pensamiento y puede que cambien sus puntos de vista.

Utilice lo que está sucediendo alrededor suyo para iniciar un diálogo. El tema podría ser un comportamiento determinado, las instalaciones o la comunidad; la salud, el deporte o el tabaco; la seguridad personal o los delitos con pistolas y navajas. El objetivo es tratar de explorar el asunto, no de alcanzar una conclusión determinada. Usted puede comenzar la conversación con una pregunta.

Hay algo que no entiendo. ¿Tú me lo puedes explicar?

¿Has oído algo de lo que pasó anoche sobre un apuñalamiento? ¿Qué es lo que crees que pasó?

Deje que la gente diga lo que piensa; permita que otras personas estén en desacuerdo; asegúrese de que todo el mundo escucha a los demás. Utilice las preguntas para profundizar un poco más. Simplemente teniendo esa conversación, se fomentará la reflexión y el desarrollo de distintos puntos de vista.

El alcohol

La mayoría de los adolescentes es probable que estén predispuestos a experimentar con sustancias prohibidas en algún momento: para algunos, será sólo el alcohol y el tabaco; otros, puede que prueben drogas más duras.

Los padres pueden reducir el atractivo del alcohol y enseñar a los adolescentes a beber de una forma responsable, permitiéndoles cantidades moderadas de alcohol en casa –por ejemplo, durante una comida el fin de semana.

Las conversaciones que los adolescentes tienen a menudo sobre el consumo de alcohol, se pueden ampliar para explorar las cuestiones de seguridad en torno al alcohol, tales como conducir bajo los efectos del alcohol, el consumo excesivo de alcohol, el consumo de alcohol incita a la violencia, así como sobre los peligros que pueden existir en estado de ebriedad en relación al sexo.

He oído que el chico que murió en el accidente de coche estaba por encima de la tasa de alcohol permitida en sangre.

Lo que más me preocupa cuando las chicas están en un estado de embriaguez, es que se convierten en un blanco fácil para algunos.

Las drogas

Es necesario que las conversaciones sobre las drogas sean un diálogo de doble dirección, buscando las opiniones de los jóvenes y ofrecerles también por su parte, que es lo que opina usted de las drogas. A los adolescentes que los adultos les advierten sobre las drogas pueden parecer hipócritas, en el caso que ellos mismos hayan tomado drogas o ignorantes en el caso de no tener ninguna experiencia con drogas. Hay que estar preparado para reconocer en que situación está el adulto y explicar los hechos y las razones de sus puntos de vista. No pretenda saber cosas que no sabe sobre las drogas, en su lugar, pregunte a la gente joven que es lo que ellos conocen o saben y sugiera que ambos, tanto ellos como usted busquen más información.

Los adolescentes están sometidos a una gran presión por parte de sus compañeros cuando se trata del tema drogas; muchos de ellos las probarán en algún momento y muchos de ellos por otra parte saldrán ilesos, es decir pasarán esta etapa sin dejarse manipular por el ambiente que les rodea y se puede decir que saldrán ilesos. Pero, ya que la total maduración del cerebro no se da hasta el final de la adolescencia o al comienzo de la edad adulta, el uso prolongado de las drogas en la adolescencia puede ser más perjudicial aún si cabe, que en la edad adulta y puede aumentar las probabilidades de adicción o depresión.

Los adultos pueden ayudar a los jóvenes a través de:

- Dejar claro que no toleran las drogas
- Hablar de forma regular sobre este tema
- Mantenerse informado en el tema de las drogas
- Mantenerse en contacto con otros adultos

El sexo

Los adolescentes pueden obtener una gran cantidad de información errónea sobre el sexo, por parte de sus compañeros, por lo que es de vital importancia que los adultos faciliten información y orientación.

En lugar de esperar a que llegue el «momento adecuado» para mantener una conversación seria, los adultos pueden recoger de los comentarios o de los chistes sobre sexo que hacen los jóvenes y utilizar esta oportunidad para ver qué entienden y facilitar información adicional o exponer su punto de vista.

El uso de la palabra «marica» para insultar a un amigo podría suscitar un debate acerca de la sexualidad. Si las bromas sexuales implican que todas las personas que están en esa conversación, tienen una vida sexual activa entonces, se podría comentar sobre la disparidad que existe entre lo que dice la gente sobre el sexo y lo que sucede realmente. Si el lenguaje utilizado en esta conversación o los conceptos se vuelven irrespetuosos, es bueno explicar la diferencia que existe entre hacer bromas y hacer comentarios que degradan a otras personas.

Los adolescentes no quieren escuchar las advertencias acerca de temas sexuales y los menores de edad, enfermedades de transmisión sexual y embarazos en la adolescencia, pero todo esto se tiene que hablar, para que tengan una información real sobre estas situaciones.

Vea si puede informarse si la gente joven tiene una vida sexual activa y si utilizan protección. Hable con ellos acerca del tipo de relaciones que quieren, a que edad les gustaría tener hijos y qué tipo de vida les gustaría que tuvieran sus hijos. Comprobar si las opciones que están tomando están en línea con lo que dicen que quieren.

Los adolescentes necesitan aprender acerca de las relaciones personales

---

Es importante que la gente joven aprenda como manejar las relaciones de pareja y también aprendan a manejar los propios sentimientos. Los adultos pueden alentar a los jóvenes con las historias que vivieron cuando eran más jóvenes y también darles ideas de como puede funcionar la forma de pensar del sexo opuesto.

Deje claro que todas las relaciones de pareja pasan por momentos difíciles y que parte de lo que hace que una relación de pareja funcione, es que exista un compromiso para tratar de solucionar esos momentos de dificultad y conflicto. El hecho de hablar de las diferentes relaciones de pareja que existen a nuestro alrededor, incluyendo las relaciones de pareja que aparecen en las series de televisión, puede hablar de lo que son conductas aceptables y conductas no aceptables, cuando merece la pena seguir en una relación de pareja y cuando es el momento de dejar esa relación.

Puede ser muy útil el analizar la conducta que tienen los padres y el efecto que tiene sobre los niños; toda la gente joven tiene una visión muy personal sobre esto.

Puede que, sea de ayuda compartir algunas de sus experiencias pero no entre en detalles: ¡revelar demasiada información puede comprometerle a usted o a otras personas y en cualquier caso la mayoría de la gente joven prefiere no conocer detalles de las relaciones de pareja de los adultos!.

Algunas veces los jóvenes resultan entrometidos con sus preguntas o comentarios. Si una pregunta es demasiado personal, deje muy claro cuáles son los límites; por ejemplo, no hay problema en dar información, pero no entrar a hablar sobre su vida privada.

Resumen: Enfrentar temas importantes

- Mantener los canales de comunicación abiertos

- Compartir opiniones y experiencias, pero no dar un discurso o charla

- Recoger comentarios de las conversaciones de los jóvenes

- Reconocer su ignorancia sobre ciertos temas

- Estar en contacto con otros adultos sobre estos temas

Los adolescentes en la comunidad local

Cuando los jóvenes se sienten que son parte de su comunidad local, demuestran respeto hacia ella y hacia su gente. Si los adultos de la comunidad les conocen y se preocupan por ellos, se sentirán más seguros y habrá menos probabilidades de causar problemas.

En algunas comunidades los adolescentes son percibidos como una molestia o una amenaza, especialmente si están por la calle. Algunas veces esta percepción está justificada; a menudo no lo está.

Si la única vez que hablamos con los adolescentes es para regañarles, la reacción que esto provoca, es una reacción negativa; si nos cruzamos de acera para evitar encontrarnos con ellos, entonces se harán los dueños de la calle.

Si han de sentirse parte de la comunidad, tenemos que participar de forma positiva con ellos preferiblemente antes de que pueda surgir algún problema.

Relacionarse con los adolescentes en la comunidad

Cuando lleve viviendo tiempo en una comunidad, va a ver como crecen los niños, como se hacen adolescentes, como algunas veces crean problemas y también verá como en general madurarán y se convertirán en adultos. Esto es lo que ocurre en la mayoría de los casos, aunque puede haber excepciones.

Puede ayudarlos a pasar esta etapa complicada de la adolescencia, creando un sentido de comunidad alrededor de ellos mientras están creciendo.

Lo primero que hay que hacer es conocer a la gente de la zona, vecinos, padres, gente joven y niños. Pasar un tiempo con ellos y si es necesario ¡hablar con ellos del tiempo!.

> **Conozca a los jóvenes y a sus padres**

Haga un comentario de lo que está funcionando. Observe lo que los jóvenes están haciendo bien y hágaselo saber a otras personas, incluidos sus padres.

Veo a Sara pasear el perro de la Sra. Diana todos los días ahora que ella no puede salir.

Cuando las personas son conscientes de que las cosas en general van bastante bien, va a ser más fácil recuperar el equilibrio cuando se produzca una situación difícil o de conflicto.

Hacer una red informal de adultos que estén interesados en la comunidad. Mantener una comunicación unos con otros sobre lo que está sucediendo, pedir opiniones si algo le preocupa; recurra a ellos para pedirles ayuda cuando aparezcan problemas.

Incluir a la policía en su red de contactos y fomentar contactos informales entre los jóvenes y la policía local.

Pero hacer todo lo posible para evitar que la policía se involucre en incidentes que se puedan resolver dentro del ámbito de la comunidad. La gente joven debe saber que cuando se llama a la policía, es por algo serio.

Buscar formas en las que las distintas generaciones puedan interactuar y conocerse entre ellos. Los adultos pueden enseñar nuevas habilidades tales como artesanía o como hacer el mantenimiento de una bicicleta; la gente joven puede ganar dinero por el lavado de coches, cortar el césped o haciendo trabajos ocasionales.

Animar a los jóvenes a colaborar con la comunidad, pueden hacer visitas a personas mayores, ayudar en una asociación cultural, en un polideportivo, organizar eventos para recaudar fondos.

Dar la opción dentro de la comunidad a que otras familias puedan dar apoyo a los jóvenes que tienen problemas en sus casas. Si las familias que forman la comunidad conocen a los hijos de todo el mundo dentro de la comunidad, les podrán ayudar a superar situaciones complicadas y que consigan superar esos episodios.

Formar una buena relación con sus padres, de modo que puedan con cautela, ponerles sobreaviso de lo que están haciendo sus hijos. Los jóvenes sabrán que los adultos están en contacto unos con otros y por lo tanto van a ser más prudentes con lo que hacen. Algunas veces usted puede optar por no informar a los padres sobre el comportamiento, pero deje claro a los jóvenes que usted sabe lo que están haciendo, y que si continúan, sus padres se terminarán enterando.

Cuando los adolescentes han crecido en una comunidad que interactúa con ellos de una forma positiva, cuando estos adolescentes se hacen adultos, se convertirán en modelos de conducta para la siguiente generación.

Resumen: Los adolescentes en la comunidad local

– Conocer a los padres y a sus hijos dentro de su comunidad local

– Hablar de las cosas positivas que ocurren

– Construir una red de adultos interesados

– Formar una buena relación con la policía local

– Involucrar a la gente joven en las actividades de la comunidad

– Solucionar problemas menores sin la intervención de la policía

RESUMEN
Sacar lo mejor de los adolescentes

Entender su mundo
- Ver las cosas a través de los ojos de un adolescente
- Hable con ellos y escuche su punto de vista sobre el mundo
- Reconozca su realidad y cómo se sienten

Establecer relaciones positivas
- Asumir lo mejor de los jóvenes
- No reaccionar de forma exagerada a las reacciones de los adolescentes
- Usar el humor para relajar el ambiente
- No se tome las bromas de los jóvenes de forma personal

Los límites y las sanciones
- Establecer unos límites que estén claros
- Aplicar las normas de forma justa y consistente
- Elegir sanciones que reflejen el comportamiento
- Poner sanciones que tengan un tiempo limitado
- Mantener los canales de comunicación abiertos

© Lucinda Neall

Cómo conseguir la cooperación

- Conseguir su atención
- Decir lo que se necesita que se haga
- Utilizar un lenguaje positivo
- Ser claro, conciso y permanecer calmado

Cómo evitar los conflictos

- Responder a los retos de una conducta sin enfrentamientos
- Sólo haga preguntas que necesiten una respuesta
- Exponga hechos, no haga juicios
- Cuando las cosas vayan mal, 'rebobine'
- No vivir en el pasado
- Dar a los jóvenes una salida honorable

¡Atrape a los adolescentes haciendo las cosas bien!

Agradecimientos

Me gustaría enviar mis agradecimientos a algunos de los autores, cuyas lecturas me han influenciado a lo largo de estos años: Adele Faber y Elaine Mazlisch: *Cómo hablar para que los niños escuchen*; Kenneth Blanchard y Spencer Johnson - *Manager al minuto*; John Gray - *Los hombres son de Marte, las mujeres son de Venus*; Marshall Rosenberg, *Comunicación no violenta*; Allan Pease - *El lenguaje del cuerpo*; Roger Fisher & William Ury – *Obtenga el sí*.

Otras Publicaciones de Lucinda Neall

About Our Boys
A practical guide to bringing out the best in boys
ISBN 978-0-992646417

Bringing the Best out in Boys
Communication strategies for teachers
ISBN 978-1-903458297

How to Talk to Teenagers
ISBN 978-0-992646400

A Life Guide for Teenagers
ISBN 978-0-993594793

www.leapingboy.com

Acerca de la autora

LUCINDA NEALL ha dedicado gran parte de su vida profesional a la formación y coaching de adultos sobre motivación y comunicación. Desde la publicación de sus dos libros, como sacar lo mejor de los chicos, ha colaborado con profesores, padres y monitores de tiempo libre en preparar adolescentes para que tengan éxito. También da cursos a adolescentes que están en libertad condicional y a ex-delincuentes, a los que ayuda a tratar de encontrarse a sí mismos, a ser conscientes de dónde han estado y a que tomen medidas para crearse un futuro mejor.

A lo largo de todos estos años, Lucinda ha pasado mucho de su tiempo libre con jóvenes, tanto como madre y como madre adoptiva y en proyectos con los adolescentes dentro de la comunidad. Lucinda ha creado un foro de la juventud, un festival de música, un grupo joven de teatro, un grupo de acción comunitaria, y dirige el club de la juventud en su comunidad local. Ve con entusiasmo y confianza que las personas que forman parte de la comunidad local pueden contribuir de forma muy positiva a que haya una gran diferencia con su apoyo a la comunidad. Lucinda también trabaja como voluntaria, en la organización Ocean Youth Trust, como líder juvenil de vigilancia.